EX LIBRIS

DIVINAS PALABRAS

TRAGICOMEDIA
DE ALDEA

RAMON DEL VALLE-INCLAN

DIVINAS PALABRAS

TRAGICOMEDIA DE ALDEA

Decimocuarta edición

COLECCION AUSTRAL

ESPASA CALPE

Primera edición: 4-III-1961
Decimocuarta edición: 9-XI-1992

© *Carlos del Valle-Inclán Blanco, Madrid, 1920*

© *De esta edición: Espasa-Calpe, S. A., Madrid, 1961*

—

Maqueta de cubierta: Enric Satué

—

Depósito legal: M. 34.616—1992

ISBN 84—239—1320—1

Esta edición sigue el texto de la última publicada por el autor,
Madrid, Imprenta Yagues, 1920

Impreso en España
Printed in Spain

Talleres gráficos de la Editorial Espasa-Calpe, S. A.
Carretera de Irún, km. 12,200. 28049 Madrid

ÍNDICE

DRAMATIS PERSONAE

LUCERO, QUE OTRAS VECES SE LLAMA SÉPTIMO MIAU Y COMPADRE MIAU.

POCA PENA, SU MANCEBA.

JUANA LA REINA Y EL HIJO IDIOTA.

PEDRO GAILO, SACRISTÁN DE SAN CLEMENTE; MARI-GAILA, SU MUJER, Y SIMONIÑA, NACIDA DE LOS DOS.

ROSA LA TATULA, VIEJA MENDIGA.

MIGUELÍN EL PADRONÉS, MOZO LAÑADOR.

UN CHALÁN.

MUJERUCAS QUE LLENAN LOS CÁNTAROS EN LA FUENTE.

MARICA DEL REINO CON OTRAS MUJERUCAS.

UN ALCALDE PEDÁNEO.

UNA RAPAZA.

EL CIEGO DE GONDAR.

EL VENDEDOR DE AGUA DE LIMÓN.

UN PEREGRINO.

LA PAREJA DE CIVILES.

UN MATRIMONIO DE LABRIEGOS CON UNA HIJA
  ENFERMA.

LA VENTERA.

SERENÍN DE BRETAL.

UNA VIEJA EN UN VENTANO.

UNA MUJER EN PREÑEZ.

OTRA VECINA.

UN SOLDADO CON EL CANUTO DE LA LICENCIA.

LUDOVINA LA TABERNERA.

TROPAS DE RAPACES CON BURLAS Y CANCIONES.

BEATERIO DE VIEJAS Y MOZAS.

BENITA LA COSTURERA.

QUINTÍN PINTADO.

MILÓN DE LA ARNOYA.

COIMBRA, PERRO SABIO.

COLORÍN, PÁJARO ADIVINO.

EL TRASGO CABRÍO.

UN SAPO ANÓNIMO QUE CANTA EN LA NOCHE.

FINAL DE GRITOS Y ATRUJOS MOCERILES.

JORNADA PRIMERA

ESCENA PRIMERA

San Clemente, anejo de Viana del Prior. Iglesia de aldea sobre la cruz de dos caminos, en medio de una quintana con sepulturas y cipreses. PEDRO GAILO, *el sacristán, apaga los cirios bajo el pórtico románico. Es un viejo fúnebre, amarillo de cara y manos, barbas mal rapadas, sotana y roquete. Sacude los dedos, sopla sobre las yemas renegridas, las rasca en las columnas del pórtico. Y es siempre a conversar consigo mismo, huraño el gesto, las oraciones deshilvanadas.*

PEDRO GAILO.—...Aquéllos viniéronse a poner en el camino, mirando al altar. Éstos que andan muchas tierras, torcida gente. La peor ley. Por donde van muestran sus malas artes. ¡Dónde aquéllos viniéronse a poner! ¡Todos de la uña! ¡Gente que no trabaja y corre caminos!...

PEDRO GAILO *se pasa la mano por la frente, y los cuatro pelos quédanle de punta. Sus ojos con estrabismo miran hacia la carretera donde hacen huelgo dos fa-*

randules, pareja de hombre y mujer con un niño pequeño, flor de su mancebía. Ella, triste y esbelta, la falda corta, un toquillón azul, peines y rizos. El hombre, gorra de visera, la guitarra en la funda, y el perro sabio sujeto de un rojo cordón mugriento. Están sentados en la cuneta, de cara al pórtico de la iglesia. Habla el hombre, y la mujer escucha zarandeando al niño que llora. A esta mujer la conocen con diversos nombres, y, según cambian las tierras, es Julia, Rosina, Matilde, Pepa la Morena. El nombre del farandul es otro enigma, pero la mujer le dice LUCERO. *Ella recibe de su coime el dictado de* POCA PENA.

LUCERO.—Tocante al crío, pasando de noche por alguna villa, convendría soltarlo.

POCA PENA.—¡Casta de mal padre!

LUCERO.—Pon que no lo sea.

POCA PENA.—Tú mismo eres a titularte de cabra.

LUCERO.—Pues titulándome padre del crío, considero que no debo legarle mi mala leche.

POCA PENA.—¿Qué estás ideando? ¡No te pido correspondencias para mí, te pido que tengas entrañas de padre!

LUCERO.—¡Porque las tengo!

POCA PENA.—Si el hijo me desaparece, o se me muere por tus malas artes, te hundo esta navaja en el costado. ¡Lucero, no me dejes sin hijo!

LUCERO.—Haremos otro.

POCA PENA.—¡Ten caridad, Lucero!

LUCERO.—Cambia la tocata.

POCA PENA.—¡Escapado de un presidio!

LUCERO *hace un gesto desdeñoso, y con la mano vuel-ta pega en la boca de la coima, que, gimoteando, se pasa por los labios una punta del pañuelo. Mirando la sangre en el hilado, la coima se ahinca a llorar, y el hombre tose con sorna, al compás que saca chispas del yesquero.* PEDRO GAILO, *el sacristán, levanta los brazos entre las columnas del pórtico.*

PEDRO GAILO.—¡A otro lugar era el iros con vues-tros malos ejemplos, y no venir con ellos a delante de Dios!

LUCERO.—Dios no mira lo que hacemos: Tiene la cara vuelta.

PEDRO GAILO.—¡Descomulgado!

LUCERO.—¡A mucha honra! ¡Veinte años llevo sin entrar en la iglesia!

PEDRO GAILO.—¿Te titulas amigo del Diablo?

LUCERO.—Somos compadres.

PEDRO GAILO.—Ahora ríes enseñando los dientes, ya te llegará el rechinarlos.

LUCERO.—No temo esa hora.

POCA PENA.—Hasta las bestias del monte temen.

PEDRO GAILO.—Para toda conducta hay premio o castigo, enseña la doctrina de Nuestra Santa Madre la Iglesia.

LUCERO.—Cambie usted la tocata, amigo. Esa polca es muy antigua.

PEDRO GAILO.—Dios Nuestro Señor no baja su dedo porque yo calle.

LUCERO.—¡Bueno!

Una vieja con mantilla de paño pardo sale al pórtico, después otra, más tarde otra. Salen deshiladas, portan agua bendita en el cuenco de las manos y la van regando sobre las sepulturas. La última tira de un dornajo con cuatro ruedas, camastro en donde bailotea adormecido un enano hidrocéfalo. JUANA LA REINA, *sombra terrosa y descalza que mendiga por ferias y romerías con su engendro, interroga al sacristán, de quien es hermana.*

LA REINA.—¿Cómo no disteis la comunión en la misa?

PEDRO GAILO.—No había partículas en el copón.

LA REINA.—Hacía cuenta de recibir a Dios. La tierra me llama.

PEDRO GAILO.—Sí que estás decaída.

LA REINA.—Esta madre roe en mí.

PEDRO GAILO.—¡Madre llamas a la tierra! ¡Madre es de todos los pecadores! Y el sobrino, ¿va despertándose? Él alumbra algún conocimiento, hermana mía.

LA REINA.—¡Malpocado!

PEDRO GAILO pone su ojo bizco sobre el enano, que con expresión lela mueve la enorme cabezota. Y la madre le espanta las moscas que acuden a posarse sobre la boca belfa donde el bozo negrea. Tirando del dornajo cruza la quintana y sale a las sombras de la carretera. El perro del farandul, levantado en dos patas, ensaya un paso de danza ante aquella figura triste y color de tierra. Lentamente el animal se dobla, y agacha la cola aullando con el aullido que reservan los canes para el aire del muerto. LUCERO silba, y el perro, otra vez en dos patas, va para su amo que ríe guiñando un ojo.

LUCERO.—Este animal tiene pacto con el compadre Satanás.

PEDRO GAILO.—Hasta que tope quien le diga los exorcismos y reviente en un trueno.

LUCERO.—Reventaremos los dos.

PEDRO GAILO.—Con la verdad quieres levantar una duda.

LUCERO.—Me has conocido el pecado.

POCA PENA.—¡Cuánta pamema!

LUCERO.—¡Ven acá, *Coimbra!* Y mira mucho cómo
responde a una pregunta. Mano derecha para el Sí.
Mano siniestra para el No. El rabo te queda para El
Qué Sé Yo. Y ahora responde sin mentira: A este
amigo, ¿su señora le hace Don Cornelio?

*Coimbra, siempre en dos pies, reflexiona moviendo
la cabeza manchada de negro y azafrán, con cascabeles
en la punta de las orejas. Poco a poco, poseído del
espíritu profético, queda inmóvil mirando a su dueño,
y tras un momento de vacilar, temblantes los cascabeles de las orejas, comienza a mover furiosamente
el brazuelo izquierdo.*

LUCERO.—Amigo, *Coimbra* responde que no. Ahora
va a decirnos otra cosa: *Coimbra,* ¿tendrías ciencia
para conocer si este amigo está llamado a ser de la
Cofradía de los Coronados? Mano derecha para el Sí.
Mano siniestra para el No. El rabo le queda a usted,
señorito, para El Qué Sé Yo.

*Coimbra, moviendo la cola y ladrando, vuelve a
saltar en dos patas, y con leve y alterno temblor en
los brazuelos, se avizora mirando al farandul. Los cascabeles de las orejas tienen un largo y sutil temblor.*

El farandul sonríe siempre guiñando un ojo, y de pronto el perro se decide a levantar el brazuelo derecho.

LUCERO.—¿No estarás equivocado, *Coimbra?* Saluda, *Coimbra,* y pide perdón a este amigo de haberle calumniado.

PEDRO GAILO.—¡Mala ralea! Burlas de un réprobo no afrentan.

LUCERO.—Amigo, hay que tomarlo como juego. ¡Al avío, Poca Pena!

PEDRO GAILO.—Mucho vas a reir en los Infiernos.

POCA PENA *tercia el pañolón, recogiendo al niño en sus pliegues, y el farandul se carga a la espalda la jaula del Pájaro Sabio. Caminan.*

POCA PENA.—¡Ten entrañas de padre, Lucero!

LUCERO.—¡Boca callada!

POCA PENA.—Romperé la esclavitud de esta vida. Me desapartaré de ti.

LUCERO.—¿Sospechas que iría a cortejarte? Estás engañada.

POCA PENA.—Ya fuiste una vez y a un hombre diste muerte.

LUCERO.—Mi intención no era.

POCA PENA.—Si el golpe venía para mí, ¿por qué lo
erraste?

LUCERO.—Suspende la tocata. ¿Tiene alpiste el pájaro?

POCA PENA.—Se niega a comer.

LUCERO.—*Coimbra*, ¿dónde encontraremos otro? ¿Te
parece pedírselo al compadre Satanás?

POCA PENA.—Pamemas.

*Se desconsuela el niño en brazos de la madre, y sobre
la espalda del errante bambolea la jaula del pájarito que
saca la suerte: Dorada bajo el Sol, es Alcázar de la
Ilusión.*

ESCENA SEGUNDA

Paraje de árboles sobre la carretera. JUANA LA REINA,
*en aquellas sombras, pide limosna con el pañuelo de
flores abierto en las ribas de la cuneta, y el enano,
hundido en el jergón del dornajo, vicioso bajo la manta
remendada, hace su mueca.*

LA REINA.—¡Un bien de caridad para el desgraciado
sin luz de razón! ¡Miradle tan falto de valimiento!

*A lo largo de sus palabras, gime oprimiéndose los
vacíos. Y* ROSA LA TATULA, *que en el buen tiempo de*

*romerías y sementeras también pide limosna, le da sus
consejos de vieja prudente y doctora.*

LA TATULA.—Habías de estar en el Hospital de Santiago. ¡Te entró fiera la dolor!

LA REINA.—¡Años va que no me deja!

LA TATULA.—¡Y fortuna que el hijo te vale un horno
de pan!

LA REINA.—¡Pudiera él salir de su jergón, aun cuando contra su madre con un puñal desnudo se viniera!

LA TATULA.—Dios Nuestro Señor te lo dio así, y con
ello se cumple su divina voluntad.

LA REINA.—¿Has visto que vaya contra ella?

*Suspirando y tranqueando, con un plato de peltre
en las manos, iba al encuentro de los ricos feriantes.
Un* CHALÁN *que conduce novillos del monte, levantándose sobre los estribos, da voces por que se aparte del
camino.*

EL CHALÁN.—¡Eh!... ¡No me espantes el ganado!

*La mendiga, oprimiéndose los flancos, vuelve a la
sombra de los robles. Tiene los ojos con vidrio, y la
boca del color de la tierra. Los juvencos del monte, berrendos en negro, desfilan en una nube de polvo, y*

EL CHALÁN, *de perfil romano, encendido y obeso, trota a la zaga.*

LA REINA.—¡Ay, muero! ¡Ay, muero!

LA TATULA.—¿Es mucha la dolor?

LA REINA.—¡Un gato que me come en el propio lugar del pecado!

LA TATULA.—¡Es mal de ijada!

LA REINA.—¡Un trago de anisado dábame la vida!

LA TATULA.—Alguno pasará que lleve su caneco.

LA REINA.—¡El Señor me abra sus puertas!

LA TATULA.—Los trabajos del mundo ganan el Cielo.

LA REINA.—¡Este día acabo!

Se dobla con la boca pegada a la tierra, el pelo sobre las mejillas, y las manos arañando la yerba. Bajo el cairel roído del refajo, las canillas y los pies descalzos son de cera. ROSA LA TATULA *la contempla con expresión de sobresalto.*

LA TATULA.—¡Prueba a levantarte! ¡No entregues el alma en este camino, criatura! ¡Tienes que hacer confesión y ponerte a las buenas con el Señor!

LA REINA.—¡Ay, qué gran romaje! ¡No falta condumio!

LA TATULA.—La dolor te priva el sentido.

LA REINA.—¡Recogedme ese pañuelo, que no le cabe encima más moneda!... ¡Calla, Laureano!... ¡Ay, qué bueno!...

LA TATULA.—¡San Blas! ¿Esto es delirio?

LA REINA.—¡Marelo, pon un vaso de agua de limón! ¡Hay dinero, Marelo!... ¡Hay dinero!

LA TATULA.—¡Juana Reina, no acabes aquí, que me comprometes! ¡Prueba a tenerte! ¡Vamos para la aldea!

LA REINA.—¡Qué estrellón en el Cielo!

LA TATULA *intenta levantar aquella reliquia doliente, y el cuerpo flacil y deshecho escúrrese alzando los brazos como dos aspas.*

LA TATULA.—¡Ay, qué rajo!

A lo lejos, bajo chatas parras, sostenidas en postes de piedra, asoma un mozuelo, y tras esta figura se diseña el perfil de otra figura tendida a la sombra. El rapaz, requiriendo el palo, échase a los hombros el tabanquillo de los lañadores. Es MIGUELÍN EL PADRONÉS, *uno que anda caminos, al cual por sus dengues le suele acontecer en ferias y mercados que lo corran y afrenten.* MIGUELÍN *lleva arete en la oreja.*

LA TATULA.—¡Acude acá, cristiano!

MIGUELÍN.—Si es por que te socorra, ya estoy cerca.

LA TATULA.—¡Ven acá, por el alma de quien te trajo al mundo!

MIGUELÍN.—Me parió mi suegra.

LA TATULA.—Deja esos relatos. ¡La acudió una dolor de alferecía a Juana la Reina!

MIGUELÍN.—Friégala con ortigas.

LA TATULA.—¡Ven acá, mal cristiano!

MIGUELÍN.—Ahora acude el Compadre Miau.

El otro que estaba tumbado a la sombra de las parras, ya se incorporaba y salía a la luz. Es aquel farandul otras veces visto en compañía de una mujer apenada que le llamaba LUCERO.

MIGUELÍN.—¿Bajamos, Compadre Miau?

EL COMPADRE MIAU.—Solamente veríamos la mueca de la muerte.

MIGUELÍN.—¿A usted le mando el aire?

EL COMPADRE MIAU.—Hace rato mandóselo a *Coimbra*.

LA TATULA.—¿Qué receláis, cativos?

EL COMPADRE MIAU.—Puesto que por nuestro nombre nos llama, vamos para allá caminando.

Los dos compadres bajan hacia la carretera. MIGUELÍN *se busca con la lengua un lunar rizoso que tiene a un canto de la boca, y el otro bate el yesquero. En la sombra de los robles yace la pordiosera inmóvil y aplastada. Las canillas desnudas salen del refajo como dos cirios de cera.*

LA TATULA.—¡Juana Reina! ¡Juana Reina!

EL COMPADRE MIAU.—No esperes respuesta: Te cumple llevar aviso a las familias. Solamente declaras media verdad: Que en este paraje le entró dolor, y que con el dolor queda. Esa mujer ya está difunta.

LA TATULA.—¡San Blas! ¡Que me cueste andar en justicias tener el corazón de manteca!

EL COMPADRE MIAU.—Excusado decir que a mí para nada me nombras...

LA TATULA.—¿Y quién advirtió que era muerta?

EL COMPADRE MIAU.—No me nombras.

LA TATULA.—¿Y si me llaman a declarar?

EL COMPADRE MIAU.—No me nombras.

LA TATULA.—Tanto temor, ¿qué representa?

EL COMPADRE MIAU.—Tu cuero para un pandero.

El farandul se ha sentado a la sombra de los árboles, y pica dos tagarninas juntas con su navaja de Albacete. ROSA LA TATULA, *helada y prudente, se calza los zuecos en la orilla de la carretera, requiere el zurrón de espigas, y apoyada en el palo, tranqueando, se parte*

a llevar la mala nueva. En la fronda del robledo, EL
IDIOTA, *negro de moscas, hace su mueca.* MIGUELÍN EL
PADRONÉS, *con la punta de la lengua sobre el lunar
rizoso, se escurre ondulando, y mete las manos redondas bajo el jergón del dornajo, de donde saca una faltriquera remendada, sonora de dinero.*

EL COMPADRE MIAU.—¡El timbre es de plata!

MIGUELÍN.—De la que da la gata.

EL COMPADRE MIAU.—A verlo vamos.

MIGUELÍN.—Esto solamente es negocio mío.

EL COMPADRE MIAU.—¡No le creía a usted tan ava-
ro, compadre! Usted no quiere que sea negocio de los
dos, y tenemos que ventilarlo.

MIGUELÍN.—¿En qué tribunal?

EL COMPADRE MIAU.—Compadre, ¿quiere usted que
el pleito lo sentencie *Coimbra?*

MIGUELÍN.—Compadre, no quiero mi pleito en el
Diablo.

*El farandul se levanta, liando el cigarro con aquella
su navaja de cachas doradas, y apenas anda dos pasos
se sienta sobre la arqueta del lañador.* MIGUELÍN, *con
una sonrisa sesga y muy pálido, esconde el bolso entre
la faja. Después, bizcando para mirar el tufo que le
cae sobre la frente, estalla la lengua.*

EL COMPADRE MIAU.—¡Maricuela! Si por buenas no arrías el bolso, te mando al corazón la navaja.

MIGUELÍN.—¿Qué fue de aquella mujer que iba en su compañía, Compadre?

EL COMPADRE MIAU.—Para su tierra caminando.

MIGUELÍN.—¿Muy largo camino?

EL COMPADRE MIAU.—¡Muy largo!

MIGUELÍN.—¿No será el fin del mundo?

EL COMPADRE MIAU.—La plaza de Ceuta.

MIGUELÍN.—Donde está el gran presidio.

EL COMPADRE MIAU.—Y la flor de España.

MIGUELÍN.—¿Conoce usted esa ribera?

EL COMPADRE MIAU.—Comadre Maricuela, de allá soy escapado. ¿Qué se ofrece?

MIGUELÍN.—¡Y mirando que tanto tiene corrido, no será mejor que renuncie a estos cuartos!

EL COMPADRE MIAU.—Maricuelá, cambia la tocata. Aún estoy por reclamarte un recuerdo en el escalo de la Colegiata de Viana.

MIGUELÍN.—Si por sospechas fui a la cárcel, por estar sin culpa, a la calle me echaron.

EL COMPADRE MIAU.—¿Recuerda usted una ocasión en que estábamos con chanzas en la taberna del Camino Nuevo?

MIGUELÍN.—¡Coplas!

EL COMPADRE MIAU.—*Coimbra* le ha designado como
de aquel negocio.

MIGUELÍN.—¡Coplas!

EL COMPADRE MIAU.—Coplas fueron, que escarbando
al pie de la ventana por donde se hizo el robo, descu-
brió este arete. Recóbrelo usted, que es hermano del
que lleva en la oreja, y repartamos ese dinero. Y si
usted no quiere la prenda, iremos con ella a los Señores Guardias.

MIGUELÍN.—¡Cochinos ochavos! ¡Los aborrezco! ¡A
pique estuvimos de reñir, compadre! Riña de enamorados.

ESCENA TERCERA

Otro camino galgueando entre las casas de un quinte-
ro. Al borde de los tejados maduran las calabazas ver-
digualdas, y suenan al pie de los hórreos las cadenas
de los perros. Baja el camino hasta una fuente embal-
sada en el recato de una umbría de álamos. Silban los
mirlos, y las mujerucas aldeanas dejan desbordar las
herradas, contando los cuentos del quintero. ROSA LA
TATULA *llega haldeando, portadora de la mala nueva.*

LA TATULA.—¡Alabado sea Dios, y qué callada es su
divina Justicia! Ahí atrás queda privada del sentido
Juana la Reina. Estuve dándola voces, y ni a pie ni

a mano. Tiene la color de la muerte, Sin tanta ansia
como llevo por estar en la villa, pasábame por la puerta
de aquella hermana que tiene en la Cruz de Leson.
¿Alguna de vosotras mora por aquel ruero?

UNA MUJERUCA.—Puerta con puerta tenemos las
casas.

LA TATULA.—Ya le podías llevar la mala razón.

UNA MUJERUCA.—¿Y a tu consentimiento rindió el
alma?

LA TATULA.—Que tiene la color de la muerte, es cuanto digo.

OTRA MUJERUCA.—Llevaba tiempo que roía en ella
el mal. Ya pasó sus trabajos, soles y lluvias, siempre
a tirar del carretón. ¿Qué suerte tendrá ahora el engendro? ¿Adónde rodará?

LA TATULA.—Conforme al modo que ello se conside-
re, es una carga y no la es. Juana la Reina achicaba
en un día más bebida que una de nos achica en un
año, y la bebida no la dan sin moneda. Por su engendro tenía mantenencia. ¡Mal sabéis lo que se gana con
un carretón! No hay cosa que más compadezca los co-
razones. Juana la Reina sacaba un diario por riba de
siete reales. ¿Y adónde vas tú, cuerpo sano, que saques
ni medio de ese estipendio?

Dos mujeres, madre e hija, con los cántaros en la
cabeza, bajan por el sendero a la umbría de la fuente.

La madre blanca y rubia, risueña de ojos, armónica
en los ritmos del cuerpo y de la voz. La hija, abobada,
lechosa, redonda con algo de luna, de vaca y de pan.

UNA MUJERUCA.—Cara aquí vienen las Gailas. Ésas
son familias.

LA TATULA.—Mari-Gaila, casada con un hermano
carnal de la difunta. Pedro Gailo, el sacristán, en sus
papeles es Pedro del Reino.

OTRA MUJERUCA.—El porte que ellas traen no es de
saber la nueva.

LA TATULA.—Mari-Gaila, corre, que a tu cuñada le
acudió una alferecía, y está privada en las sombras
de la vereda.

MARI-GAILA.—¿Cuál de las dos cuñadas?

LA TATULA.—Juana la Reina.

MARI-GAILA.—¡Ay Tatula, declárate si ella es difunta, que no me falta fortaleza!

REZO DE LAS MUJERES.—Más de lo que sabes, aquí
no sabemos.

MARI-GAILA *deja caer el cántaro, desanuda el pañuelo*
que lleva a la cabeza, y frente a la hija, que suspira
apocada, abre los brazos en ritmos trágicos y antiguos.
La fila de cabezas, con un murmullo casi religioso, está
vuelta para la plañidera que bajo las sombras de la

fuente aldeana resucita una antigua belleza histriónica.
Detenida en lo alto del camino, abre la curva cadenciosa
de los brazos, con las curvas sensuales de la voz.

MARI-GAILA.—¡Escacha el cántaro, Simoniña! ¡Simoniña, escacha el cántaro! ¡Qué triste sino! ¡Acabar como la hija de un déspota! ¡Nunca jamás querer acogerse al abrigo de su familia! ¡Ay cuñada, no te llamaba la sangre, y te llamó para siempre la tierra, que todos pisan, de una vereda! ¡Escacha el cántaro, Simoniña!

UNA MUJERUCA.—¡No hay otra para un planto!

OTRA MUJERUCA.—De la cuna le viene esa gracia.

OTRA MUJERUCA.—Corta castellano como una alcaldesa.

MARI-GAILA.—¡Ay cuñada, soles y lluvia, andar caminos, pasar trabajos, fueron tus romerías en este mundo! ¡Ay cuñada, por cismas te despartistes de tus familias! ¡Y qué mala virazón tuviste para mí, cuñada! ¡Ay cuñada, te movían lenguas anabolenas!

LA TATULA.—Las familias, si no es que son padres para hijos, hay que tenerlas como ajenas.

UNA MUJERUCA.—La ley de sangre siempre da su dictado.

LA TATULA.—Por veces también se niega.

MARI-GAILA.—¡No en mi pecho, Tatula!

LA TATULA.—Así se contempla.

MARI-GAILA.—Y aun cuando me quede sin pan que llevar a la boca, he de hacerme el cargo del carretón.

LA TATULA.—El carretón, si no lo retiras de los caminos, trae provecho.

MARI-GAILA.—Cativo provecho si tengo que dejar el apaño de mi casa.

LA TATULA.—Lo pones en arriendo. Si llega el caso, habla conmigo.

MARI-GAILA.—Lo tendré presente. Que venga a mí el cargo del carretón, tampoco lo dificulto. La difunta era hermana de mi hombre, y otra familia más allegada no tiene.

LA TATULA.—El pleito será entre vosotros y tu cuñada Marica del Reino.

MARI-GAILA.—¡Pleito! ¿Por qué ha de haber pleito? Yo hago esta caridad porque tengo conciencia. ¿Quién puede disputarle el cargo al hermano varón? Si van a justicias, el varón gana el pleito o no hay ley derecha.

LA TATULA.—Pues si para en tu dominio, recuerda de lo que ahora tenemos hablado.

MARI-GAILA.—Ya te echo el alto. Ninguna palabra hay de por medio.

LA TATULA.—Cierto que no hay palabra, pero si quieres recordar alguna cosa de lo hablado...

MARI-GAILA.—Aquello que no se me borre podré recordarlo.

LA TATULA.—Yo me pasaré por tu puerta.

MARI-GAILA.—Con bien llegues a ella.

UNA MUJERUCA.—El carretón representa un horno de pan.

OTRA MUJERUCA.—¡De pan trigo!

MARI-GAILA.—¡Qué mala ventura tuviste, cuñada! ¡Aprendan de ti las anabolenas! ¡Morir sin confesión en un camino!

SIMONIÑA, *blanca, simplona, carillena, apretando los ojos, remeda el planto de su madre, y abre los brazos ante el cántaro roto.*

ESCENA CUARTA

El robledo, al borde del camino real. JUANA LA REINA *está tendida de cara al cielo, y tiene sobre el pecho una cruz formada por dos ramas verdes. Los pies descalzos y las canillas del color de la cera, asoman por debajo de la saya como dos cirios.* BASTIÁN DE CANDÁS, *alcalde pedáneo, pone guardas a la muerta, y da sus órdenes con una mano en el aire, como si fuese a bendecir.*

EL PEDÁNEO.—Vosotros, rapaces, aquí firmes, sin desviaros del pie de la finada difunta. No habéis de

consentir por cosa del mundo que muevan el cuerpo
antes de comparecer el Ministro de la Ley.

Algunas mujerucas aldeanas llegan haldeando. Res-
plandor de faroles, negrura de mantillas. Viene, entre
ellas, una vieja encorvada que da gritos con el rostro
entre las manos. Por veces se deja caer en tierra
abriendo los brazos, y declama las frases rituales de un
planto. Es MARICA DEL REINO, *hermana de la difunta.*

MARICA DEL REINO.—¿Dónde estás, Juana? ¡Callaste
para siempre! ¡Nuestro Señor te llamó, sin acordar de
los que acá quedamos! ¿Dónde estás, Juana? ¿Dónde
finaste, hermana mía?

UNA MOZA.—¡Conformidad, tía Marica!

TÍA MARICA, *ayudada por las mujeres y cubierta con*
el manteo, camina encorvada. Cuando llega al pie de
la difunta, se abraza con ella.

MARICA DEL REINO.—¡Ay Juana, hermana mía, qué
blanca estás! ¡Ya no me miran tus ojos! ¡Ya esa boca
no tiene palabras para esta tu hermana que lo es! ¡Ya
no volverás a detenerte en mi puerta para catar los
bollos del pote! ¡Cegabas por ellos! ¡Inda esta segunda feria los merendamos juntas! ¡Qué bien te sabían
con unto y con nebodas!

Después del planto, queda recogida sobre las rodillas, gimiendo monótonamente. Las mujerucas se sientan en torno, refiriendo azares de los caminos, casos de muertes repentinas, cuentos de almas en pena. Y cuando decae el interés de aquellas historias, renueva su planto MARICA DEL REINO. *Atravesando la robleda, llega el matrimonio de los* GAILOS. *La mujer, echada sobre los hombros la mantilla, y el marido, con capa larga y bastón señoril de dorada contera y muleta de hueso. La hermana, viéndolos llegar, se alza en las rodillas y abre los brazos con dramática expresión.*

MARICA DEL REINO.—¡Tarde vos dieron el aviso! Yo llevo aquí el más del día, casi que estoy tullida de la friura de la tierra.

PEDRO GAILO.—El hombre que tiene cargo no dispone de sí, Marica. ¿Y cómo fue que aconteció esta incumbencia?

MARICA DEL REINO.—¡Ordenado estaría en la divina proposición!

PEDRO GAILO.—¡Cabal! Pero ¿cómo fue que ello aconteció?

MARICA DEL REINO.—¿Y a mí me lo preguntas? ¡Vírate para la difunta, que ella solamente puede darte la respuesta!

PEDRO GAILO.—¡Difunta, hermana mía, mucho te tiraba el andar por caminos, y andando por ellos topaste la muerte!

MARICA DEL REINO.—¡Las mismas consideraciones le tengo hechas! ¡Dios nos ampare!

EL SACRISTÁN, *limpiándose los ojos, donde el estrabismo parece acentuarse, se acerca al dornajo de* EL IDIOTA.

PEDRO GAILO.—¡Ya eres huérfano, y no puedes considerarlo, Laureano! ¡Tu madre, la hermana mía, es finada, y no puedes considerarlo, Laureano! ¡Por padre tuyo putativo me ofrezco!

MARICA DEL REINO.—El cargo del inocente a mí me cumple.

MARI-GAILA.—Nosotros tampoco lo abandonamos, cuñada.

MARI-GAILA *tiene el gesto de desenfado y una luz provocativa en los ojos parleros. La otra tuerce la cabeza mostrando desdén.*

MARICA DEL REINO.—A mi hermano, que lo es, me refería.

MARI-GAILA.—Mas yo te respondía.

EL PEDÁNEO.—Muera el cuento.

PEDRO GAILO.—¿Qué esperamos, Bastián?

EL PEDÁNEO.—Esperamos la comparecencia de la Justicia.

PEDRO GAILO.—Poco tiene que esclarecer. Para mí, la difunta bebió alguna agua corrompida, y eso la mató. Es probado que los sulfatos de las viñas emponzoñan las aguas y producen muertes.

EL PEDÁNEO.—¿Recordáis aquella mi vaca pintada?

MARI-GAILA.—¡Una vaca como una reina!

EL PEDÁNEO.—Pues a la muerte la tuve, que la saqué adelante con cocimientos de genciana. Por cima de siete reales gasté en botica.

UNA VIEJA.—Hay aguas mortales.

PEDRO GAILO.—Que las hay no tiene duda, y al cuerpo adolecido más pronto lo dañan. Le corrompen el interior.

MARI-GAILA.—Entre el señorío, tanto mirar mal el aguardiente, y no decir cosa ninguna contra las aguas.

EL PEDÁNEO.—El señorío mira mal el aguardiente porque sé regala con otros resolios.

MARI-GAILA.—¡Anisete escarchado!

Por el camino real vese venir al juez, caballero en un rucio de gayas jalmas y anteojeras con borlones. El alguacil zanquea al flanco, como espolique. Las mujerucas, alzadas sobre las rodillas y soplándose los dedos, avivan la luciérnaga de sus faroles. Comienza un planto solemne.

MARICA DEL REINO.—¡Juana, hermana mía, si en el mundo de la verdad topas con mi difunto, dirásle la ley que le guardé! ¡Dirásle que nunca más quise volver a casar, y que no me faltaron las buenas proporciones! Ahora soy una vieja, pero me dejó bien lozana. Dirásle que un habanero de posibles me pretendía, y que jamás le viré cara. ¡Un mozo como un castillo!

MARI-GAILA.—¡Cuñada, flor de los caminos, ya estás a la vera de Dios Nuestro Señor! ¡Cuñada, que tantos trabajos pasaste, ya tienes regalo a su mesa! ¡Ya estás en el baile de los ángeles! ¡De hoy más, tu pan es pan con huevos y canela! ¡Ay cuñada, quién como tú pudiese estar a oir los cuentos divertidos de San Pedro!

ESCENA QUINTA

San Clemente. El atrio con la iglesia en el fondo. Pasa entre los ramajes el claro de la luna. Algunos faroles, posados en tierra, abren sus círculos de luz aceitosa en torno al bulto de la difunta, modelado bajo una sábana blanca. Los aldeanos del velorio —capas y mantillas— beben aguardiente al abrigo de la iglesia. El murmullo de las voces, las pisadas, las sombras tienen el sentido irreal y profundo de las consejas.

PEDRO GAILO.—Desde el momento primero, yo fui en decir que la difunta finó por haber bebido de alguna fuente ponzoñosa, pues ya van muchas desgracias en ganados y cristianos así aparejadas.

MARI-GAILA.—Y el engendro bebió algún trago de la misma agua, pues todo se derramó, con perdón, en las pajas. Fue menester lavarlo como a un niño de teta. ¡Y si supieseis qué completo es de sus partes!

MARICA DEL REINO.—¡Calla, cuñada! Poco tendrás que renegar de tales trabajos, que yo me hago cargo del carretón.

MARI-GAILA.—¡Ahí está tu hermano! Con él te gobiernas, Marica.

MARICA DEL REINO.—¿Qué tienes tú que deponer, hermano mío?

PEDRO GAILO.—Los brazos de un hombre llevan mejor cualisquiera carga.

MARICA DEL REINO.—La voluntad de la difunta era encomendarme el cuido del carretón. ¡Declarado me lo tenía!

MARI-GAILA.—¿Dónde están los testigos, Marica?

MARICA DEL REINO.—Con mi hermano hablaba.

MARI-GAILA.—Pero yo te escuchaba.

MARICA DEL REINO.—¡Ay si la difunta pudiera declarar su voluntad!

PEDRO GAILO.—¡Habla tú, difunta hermana mía! Habla si era tu intención negar la ley de familia.

LA TATULA.—No esperes te responda, que la muerte no hila palabras.

EL PEDÁNEO.—Tiene sin aire el (fol,) y no hay palabra sin aire, como no hay llama.

PEDRO GAILO.—Pero se obran prodigios.

EL PEDÁNEO.—En otros tiempos, que en éstos al carro de la muerte ninguno le quita los bueyes.

MARICA DEL REINO.—¡Y todo este hablar salió a cuento del pleito que tratan entre sí de sustentar dos hermanos propios carnales!

MARI-GAILA.—No habrá pleito si tú respetas el derecho del que nació varón.

MARICA DEL REINO.—Consultaremos con hombres de Ley.

EL PEDÁNEO.—¡Como lleguéis a la puerta del abogado, os enredáis más! Sin salir de la aldea hallaréis barbas honradas sabiendo de Ley.

PEDRO GAILO.—¿Cuál es tu dictado, Bastián de Candás?

EL PEDÁNEO.—Si fuese a daros mi dictado, a ninguno había de contentar. ¡Como que ninguno tiene la Ley!

MARI-GAILA.—¿No llama al hermano varón?

EL PEDÁNEO.—Las voces de la Ley tú no las alcanzas.

MARI-GAILA.—¡Pero aquí hay alguno que sabe latines!

EL PEDÁNEO.—A eso solamente respondo que latines de misa no son latines de Ley.

PEDRO GAILO.—¿Cuál es tu dictado, Bastián de Candás?

EL PEDÁNEO.—¡Si no habéis de seguirlo, para qué escucharlo!

MARICA DEL REINO.—Te pedimos tu consejo, y cumples con darlo.

EL PEDÁNEO.—Si como la finada no deja otro bien que el hijo inocente, dejase un par de vacas, cada cual se llevaría su vaca de la corte. Tal se me alcanza. Y si dejase dos carretones, cada cual el suyo.

LA TATULA.—Tampoco había pleito.

EL PEDÁNEO.—Pues si solamente deja uno, también habéis de repartiros la carga que represente.

LA TATULA.—No es carga, que es provecho.

EL PEDÁNEO.—Son bienes pro indivisos, que dicen en juzgados.

MARI-GAILA.—¡Ay Bastián, tú sentencias, pero no enseñas cómo se puede repartir el carretón! Zueco en dos plantas, ¿dónde irás que lo veas?

EL PEDÁNEO.—Pero vi muchos molinos, cada día de la semana, moler para un dueño diferente.

UNA MOCINA.—Mi padre muele doce horas en el molino de András.

MARICA DEL REINO.—Por manera que el justo sentir
es de repartirse el carretón entre las familias, deter-
minados los días.

EL PEDÁNEO.—Un suponer: Sois dos llevadores de
un molino. De lunes a miércoles saca el uno la maqui-
la, y el otro, de jueves a sábados. Los domingos van al-
ternados.

LA TATULA.—Así no había pleito.

MARICA DEL REINO.—A ti te corresponde hablar,
hermano mío.

PEDRO GAILO.—Lo que propone aquí este vecino hon-
rado es un consejo, y a nosotros cumple tomarlo o de-
jarlo. Mi sentir ya está manifiesto, el tuyo debes de-
clararlo.

MARICA DEL REINO.—Mi sentir está con el tuyo, y de
ahí no me descarrío.

MARI-GAILA.—Retuertas vienen esas palabras.

MARICA DEL REINO.—Claras como el sol.

EL PEDÁNEO.—Veremos si yo marcho por tus caminos, Marica del Reino. A mi ver, con tales palabras
quieres significar que te avienes con aquello que se
avenga este tu hermano.

MARICA DEL REINO.—¡Claramente!

EL PEDÁNEO.—¿Y tú qué respondes, Pedro del Reino?

MARI-GAILA.—Este bragazas se conforma al respective.

EL PEDÁNEO.—Pues muera el cuento.

MARICA DEL REINO.—Por manera que tres días el carretón al cargo mío y otros tres al cargo de mi cuñada.

EL PEDÁNEO.—El domingo es el indiviso.

LA TATULA.—Ya tenéis hechas las partijas, sin peritos.

MARI-GAILA.—Hay que cumplimentarlo bebiendo una copa. Cachea por el caneco del aguardiente, marido.

PEDRO GAILO.—Míralo a la vera tuya, arrimado a las parihuelas de la difunta.

MARI-GAILA.—Y hay que darle una copa al baldadiño.

EL PEDÁNEO.—¿Lo cata?

MARI-GAILA.—Y se relame. Veréis vosotros cómo no se conforma con una. Está imbuido en la bebida.

LA TATULA.—Tantas lluvias y soles por caminos... Sin ese reparo moría.

MARI-GAILA.—¿Quieres echar una copa, Laureano?

LA TATULA.—Amuéstrale el caneco, que por palabras no saca el sentido.

MARI-GAILA, *donairosa y gentil, erguida al pie de la difunta, colma el vaso de las rondas, y respira con delicia el aroma del aguardiente.*

MARI-GAILA.—Bastián, a ti toca beber el primero, que fallaste el pleito.

EL PEDÁNEO.—Pues a la salud de toda la compañía.

MARI-GAILA.—A tras de ti va el baldadiño. Ahora lo catas, Laureano.

LA TATULA.—Dáselo para que remede el trueno. ¡Lo hace cumplidamente!

MARI-GAILA.—¡Mirad aquí, por vuestra alma! ¡Saca la lengua como un pito!

EL IDIOTA.—¡Hou! ¡Hou! ¡Dade acá!

MARI-GAILA.—¿Quién lo da?

EL IDIOTA.—Nanay.

LA TATULA.—¿Qué es ello, Laureano?

EL IDIOTA.—¡Hou! ¡Hou!

MARI-GAILA.—¿Cómo se pide?

EL IDIOTA.—¡Releche! ¡Hou! ¡Hou!

MARICA DEL REINO.—Dale el trago y no lo hagas más condenar.

MARI-GAILA.—Has de hacer el trueno, si quieres beber.

EL IDIOTA.—¡Miau! ¡Fu! ¡Miau!

MARI-GAILA.—Cativo, así es el gato.

LA TATULA.—Laureano, remeda el cohete, que vas a beber.

MARICA DEL REINO.—No lo hagáis más condenar.

EL IDIOTA.—¡Ist!... ¡Tun!... ¡Tun!... ¡Tun!... ¡Ist!... ¡Tun!...

EL PEDÁNEO.—Ya se ganó el trago.

MARI-GAILA.—¡Es un mundo de divertido!

PEDRO GAILO.—¡Enternece!

MARICA DEL REINO.—¡La finada muy bien adeprendido lo tenía! No por ser nuestra hermana dejaba de ser una mujer de provecho. ¡Ay Juana, qué negro sino tuviste!

MARI-GAILA.—¡Ay cuñada, espera el día para el planto, y bebe tu copa, que ya se me cansan los brazos de estar alzados con el caneco!

La otra suspira y, antes de catar el aguardiente, se pasa por los labios un pico de la mantilla. Luego, de un sorbo, con mueca de repulsa, apura el trago. MARI-GAILA bebe la postrera y se sienta en el corro. Una vieja comienza un cuento, y EL IDIOTA, balanceando la cabeza enorme sobre la almohada de paja, da su grito en la humedad del cementerio.

EL IDIOTA.—¡Hou! ¡Hou!

EL SAPO.—¡Cro! ¡Cro!

JORNADA SEGUNDA

ESCENA PRIMERA

*Lugar de Condes. Viejo caserío con palios de vid ante
las puertas. Eras con hórreos y almiares. Sobre las
bardas, ladradores perros. El rayar del alba, estrellas
que se apagan, claras voces madrugueras, mugir de vacas y terneros. Sombras con faroles entran y salen en
los establos oscuros, portando brazadas de yerba. Cuece
la borona en algún horno, y el humo de las jaras mon-
teses perfuma al casal que se despierta.* MARICA DEL
REINO, *acurrucada en el umbral de su casa, se desayuna
con el cuenco de berzas.*

UNA VECINA.—¿Cuido que espera al carretón, tía
Marica?

MARICA DEL REINO.—Desde ayer que lo espero.

LA VECINA.—Pues se demora su cuñada la Gaila.

MARICA DEL REINO.—¡Cuñada! Esa palabra me suje-
ta la lengua. A la gran ladra, como trae otras luces
dentro del fol, la toma el escuro sobre los caminos, y

se pasa la noche por ventorrillos y tabernas, perdiendo la conducta.

LA VECINA.—Cuando tiene una copa, muy divertida se pone. ¡San Blas, lo que pudimos reir con ella estos tiempos pasados en el ventorrillo de Ludovina! El Ciego de Gondar, que también estaba a barlovento, la requería para que se le juntase, y ella le cerraba la boca con cada sentencia...

MARICA DEL REINO.—Pues el ciego es agudo.

LA VECINA.—Pues no le valía su agudeza. Y todo se lo decían en coplas: El ciego con la zanfona y ella con el pandero.

MARICA DEL REINO.—Milagros del vino y mal mirar por la conducta.

LA VECINA.—¡Si no se paga todo lo que bebe! Muchos la convidan por su labia y por oírle las coplas tan divertidas que saca.

MARICA DEL REINO.—¡Es gracia nueva que nunca le conocí! ¡Y no haber modo de redención para el baldadiño! Ni mira por él, ni le remuda la paja del jergón, ni le pasa unas aguas por sus vergüenzas, que está llagado como un San Lázaro. ¡Ay, qué alma negra!

LA VECINA.—Pues el carretón rinde su provecho. ¡Algunos quisieran ese bien!

MARICA DEL REINO.—A ella le rinde, porque no se duele de pasearlo por soles y lluvias, de feria en feria.

Otra cosa acontece conmigo. Como es mi sangre, me compadece, y solamente trabajos me procura. ¡Rodando el carretón todo el día, nunca arribé al estipendio de una peseta!

LA VECINA.—Pues su cuñada en bebida ya lo sobrepasa.

MARICA DEL REINO.—A mí me ata la decencia.

LA VECINA.—Y cuando ella bebe, convida al carretón.

MARICA DEL REINO.—¡No es mérito! También se lo gana.

LA VECINA.—Pues el anisado tampoco ha de ser cosa buena para el inocente.

MARICA DEL REINO.—Superado, no. Una copa, si tiene lombrices, se las quema.

LA VECINA.—Quedárase en una...

MARICA DEL REINO.—¡No me lo digas!

LA VECINA.—Y hoy no espere a su cuñada la Mari-Gaila.

MARICA DEL REINO.—¡Cállate ese texto! ¡Cuñada! ¡Cuñada! ¡Nunca esa gran bribona lo fuera! ¡Y el hermano mío, tan engañado!

LA VECINA.—Tío Pedro canta en los entierros y la mujer en los ventorrillos.

MARICA DEL REINO.—¡Cuánta verdad que las mujeres somos hijas de la Serpiente! ¡Y el hermano mío, tan ajeno de su vergüenza!

LA VECINA.—Él solamente ve la moneda.

MARICA DEL REINO.—¡Ni eso!

LA VECINA.—La Mari-Gaila aventuro que se fue con el carretón a la feria de Viana. No pierde ella ese provecho.

MARICA DEL REINO.—¡Y me roba mi día! ¡Santo Tomás, una y no más! Rescato el carretón y no se lo vuelvo. Te lo digo secretamente: La sombra de mi hermana vino a llamar en mi puerta: Ve los trabajos que pasa el hijo de su pecado, y me declaró que no quiere verlo en manos ajenas. Me ordenó hacerme todo el eargo del carretón, y a esa intrusa le pronosticó fierros de cadenas en este mundo y en el otro. ¡Si te digo mentira, que me condene!

LA VECINA.—Son cosas que traen los sueños.

MARICA DEL REINO.—Estaba bien despierta.

LA VECINA.—¿Y tálmente habló con el alma de la difunta?

MARICA DEL REINO.—¡Talmente! No lo divulgues.

LA VECINA.—Sepulto queda.

LA VECINA *entra en su casa a mirar por la lumbre. Pica en el umbral una clueca con pollos, y tres críos, sucios, que enseñan las carnes, se desayunan sobre una higuera.*

ESCENA SEGUNDA

Un soto de castaños, donde hace huelgo la caravana de mendigos, lañadores y criberos, que acuden anuales a las ferias de Agosto en Viana del Prior. La MARI-GAILA, *gozosa de su nueva ventura, sofocada y risueña, llega tirando del dornajo por la carretera cegadora de luz.*

MIGUELÍN.—Mucho te vale el tesoro, Mari-Gaila.

MARI-GAILA.—Ni un mal chavo pelón.

EL CIEGO DE GONDAR.—¡Si robas la plata con la ocurrencia que sacaste de enseñar las vergüenzas del engendro!

MARI-GAILA.—No son tiempos éstos en que corra dinero.

EL VENDEDOR DE AGUA DE LIMÓN.—El dinero, aun cuando se deje sentir, es a corros, y siempre se duelen los de algún arte.

EL CIEGO DE GONDAR.—¡Por acá nos dolemos todos!

MIGUELÍN.—No hay dinero, y el que hay lo emboba el Compadre Miau.

MARI-GAILA.—¡Séptimo Miau! Tengo oído, y también de su perro *Coimbra*. A lo que cuentan, es un tuno de mucho provecho.

MIGUELÍN.—¡Un condenado!

MARI-GAILA *arrima el dornajo a la sombra de los castaños y se sienta a la vera, los ojos y los labios alegres de malicias.*

MARI-GAILA.—Me va por la pierna una pulga con zuecos, y voy a ver si la cazo. ¡No mires, Padronés!

MIGUELÍN.—¿Qué temes? ¿Que te saque tacha? Público es que las piernas tienes tuertas.

MARI-GAILA.—¡Tuertas y encanilladas!

EL CIEGO DE GONDAR.—Contigo no hay penas. Puestos los dos a correr ferias y romerías, ganáramos muy buenos machacantes. Y tú ya no dejas esta vida.

MARI-GAILA.—Es el bien que me trujo la herencia renegada.

MIGUELÍN.—¿Pues no abandonaste el Palacio del Rey?

MARI-GAILA.—Abandoné mi casa, donde era reina.

EL VENDEDOR DE AGUA DE LIMÓN.—Muy mal le irá a usted, señora, pero tiene usted unas carnes que no tenía.

LA TATULA.—¡Y colores!

MARI-GAILA.—Toda la vida tuve las colores de una rosa, así me achacaron lo de la bebida. ¡Cuando era la buena conducta!

Ríen los mendigos, negros y holgones, tumbados a la sombra de los árboles. Por la carretera, una niña con hábito nazareno, conduce un cordero encintado, sonriendo extática entre la pareja de sus padres, dos aldeanos viejos. Mozas vestidas de fiesta pasan cantando, entre tropas de chalanes y pálidos devotos que van ofrecidos.

EL VENDEDOR DE AGUA DE LIMÓN.—Promete estar superior la feria de Viana.

MIGUELÍN.—La feria que estos tiempos suena es la del Cristo de Bezán.

MARI-GAILA.—Esas ferias distantes son buenas para vosotros, que sois cuerpos libres. ¿Pero adónde voy yo siete leguas tirando del carretón?

EL CIEGO DE GONDAR.—Se busca una buena compañía, y se hace el camino por jornadas. Para sacar del carretón su por qué, las ferias de la montaña. Esas son ferias de mucho bien de Dios.

MARI-GAILA.—Adonde este año no falto es al San Campio de la Arnoya.

EL CIEGO DE GONDAR.—Y verás tu provecho, si te pones en un acuerdo conmigo.

MARI-GAILA.—De acuerdo ya estamos, salvo que tú llames acuerdo al dormir juntos, y eso de mí no lo esperes.

LA TATULA.—¡Amén de Dios, si el pecado no puede con vosotros!

MARI-GAILA.—Con mi carne de rosas, que este cativo ya me está palpando. ¡Aparta la mano, centellón!

EL CIEGO DE GONDAR.—¡No escapes, Mari-Gaila!

MARI-GAILA.—Cachea si tienes un mixto.

EL CIEGO DE GONDAR.—¿Quieres hacerte la calderada?

MARI-GAILA.—¡Mucho penetras!

EL CIEGO DE GONDAR.—Me llegaron vientos de sardinas. ¿Y si juntáramos el compango, Mari-Gaila?

MARI-GAILA.—De mi banda, solamente puedo poner cuatro arenques que me dieron en una puerta. Es comida que reclama bebida.

EL CIEGO DE GONDAR.—Tiéntame las alforjas, que algo bueno viene en ellas.

MARI-GAILA.—¡Ay, tunante! Te das el trato de un Padre Prior.

MARÌ-GAILA, *los brazos desnudos y las trenzas recogidas bajo el pañuelo de flores, enciende unas ramas, y se levantan cantando las lenguas de una hoguera. El humo tiende olores de laurel y sardinas, con el buen recuerdo del vino agrio y la borona aceda. Un viejo venerable, que parecía dormido, se incorpora lenta-*

mente. Tiene el pecho cubierto de rosarios y la escla-
vina del peregrino en los hombros.

EL PEREGRINO.—A fe que siento, cristianos, no tener
cosa que ofreceros para ser parte.

MARI-GAILA.—Pues la alforja rumbo mete.

EL PEREGRINO.—No guarda otra cosa que mi penitencia.

EL CIEGO DE GONDAR.—¡Algún pernil!

EL PEREGRINO.—La piedra donde descanso la cabeza
cuando duermo.

Abre la alforja y enseña un canto del río con un gran
alvéolo redondo y pulido, la huella de largos sueños
penitentes. MARI-GAILA, *ante aquel prodigio, siente una*
gozosa ternura.

MARI-GAILA.—Llegue acá, venturoso, y haremos entre los tres reparto.

EL PEREGRINO.—¡Alabado sea Dios!

MARI-GAILA.—¡Alabado siempre sea!

MARI-GAILA *aparta las sardinas de la lumbre y las*
pone en una escudilla de peltre. Luego saca el pan y
la bota de las alforjas del ciego, y hace un lugar al
peregrino en torno de la capa remendada, que sirve
de mantel. Mientras come la compañía, el ciego, con

*risa socarrona, huele su sardina, puesta sobre una ta-
jada de pan, y alarga la oreja.*

EL CIEGO DE GONDAR.—El cabezal lo tiene de piedra,
pero las muelas aún le ganan. La penitencia es para
el mal dormir, que para el mal comer... ¡Contro con
el santo!

EL PEREGRINO.—Tres días llevaba sin tocar sustento.

EL CIEGO DE GONDAR.—¿Indigestado?

EL PEREGRINO.—¡Penitente!

EL CIEGO DE GONDAR.—Somos viejos en esos enga-
ños, amigo.

EL PEREGRINO *acoge tales palabras con gesto seráfi-
co, y* EL CIEGO, *tras de refrescar la boca con el trago,
torna a reir.* MIGUELÍN EL PADRONÉS, *que en las mismas sombras remienda un paraguas, hace un guiño
maleante y silba un aire. La pareja de tricornios, negra y polvorienta, penetra en las sombras del soto donde sestea la taifa de hampones. Viéndola llegar, todos
callan, y la pareja, inquiridora, cruza entre unos y
otros.*

UN GUARDIA.—¿No estuvo aquí uno que hasta hace
poco corría las ferias con una mujer de la vida? El
Conde Polaco.

EL CIEGO DE GONDAR.—Aquí no tratamos con gente
tan política.

EL OTRO GUARDIA.—Es el nombre con que viene reclamado.

EL CIEGO DE GONDAR.—El nombre se cambia más pronto que la pelleja.

MIGUELÍN.—¿En qué oficio se emplea ese sujeto, Señores Guardias?

UN GUARDIA.—En los más peores, y se me representa extraño que os sea desconocido.

EL CIEGO DE GONDAR.—Unos corremos el mundo con honradez y otros sin ella.

MARI-GAILA.—Ya se les alcanza a los Señores Guardias.

EL OTRO GUARDIA.—Yo, para no equivocarme, os ponía a todos a la sombra. ¡Cuidado con lo que se hace, que andamos vigilantes!

MARI-GAILA.—Nuestras obras están a la luz del sol, Señores Guardias.

UN GUARDIA.—¡Pues mucho ojo!

Los Señores Guardias, adustos, partida la jeta cetrina por el barboquejo de hule, se alejan bajo miradas de burla y temor. El correaje, los fusiles, los tricornios destellan en la carretera cegadora de luz.

EL CIEGO DE GONDAR.—¡No hay prenda como la vista! Éstos son mas ciegos que los que andamos a las escuras.

MIGUELÍN.—Pudiera suceder.

EL CIEGO DE GONDAR.—Me parece que señalamos al mismo santo.

MIGUELÍN.—Yo nada aventuro.

EL CIEGO DE GONDAR.—Pues mi boca está sellada.

MARI-GAILA.—¡Qué hablar por cifra!

EL CIEGO DE GONDAR.—Acá nos entendemos.

MIGUELÍN.—¡Miau!

El taimado mozuelo, recostado en el tronco de un árbol, abre el paraguas por juzgar del arte con que puso el remiendo, y silba un nuevo aire. MARI-GAILA, procurando tomarle al oído, escucha con una sonrisa quieta y los ojos entornados.

MARI-GAILA.—¡Linda tocata! Parece habanera.

EL VENDEDOR DE AGUA DE LIMÓN.—El Compadre Miau vino con ella del fin del mundo.

MARI-GAILA.—Será de reir la primera vez que nos encontremos. No le conozco y llevo tres noches que sueño con él y con su perro.

MIGUELÍN.—Falta que el hombre de tu sueño tenga la cara del Compadre.

MARI-GAILA.—Padronés, si tal acontece, también te digo que tiene pacto.

ESCENA TERCERA

La MARI-GAILA *rueda el dornajo y dice donaires. Para convocar gentes bate el pandero. Claros de sol entre repentinas lluvias. Tiempo de ferias en Viana del Prior. Rinconada de la Colegiata. Caballetes y tabanques bajo los soportales. Verdes y rojas estameñas, jalmas y guarniciones. Un campo costanero sube por el flanco de la Colegiata. Sombras de robles con ganados. A las puertas del mesón, alboroque de vaqueros, alegría de mozos, refranes de viejos, prosas y letanías de mendi-cantes.* MIGUELÍN EL PADRONÉS, *bajo la mirada de la mesonera, laña una fuente de flores azules. Coimbra, vestido de colorines, irrumpe entre el gentío, y el alcá-zar del pájaro mago aparece sobre los hombros del fa-randul, que ahora se cubre el ojo izquierdo con un tafe-tán verde.* EL COMPADRE MIAU *levanta su tabanque a la puerta del mesón, y tañe la flauta haciendo bailar a Coimbra. El pájaro mago entra y sale en su alcázar, profetizando.* MARI-GAILA *se arregla sobre los hombros el pañuelo de flores, y buscando que la mire el faran-dul, canta una copla en el ritmo habanero que mueve la flauta del* COMPADRE.

MARI-GAILA:

> ¡Yo quisiera vivir en La Habana,
> a pesar del calor que hace allí!
> ¡Y salir al caer de la tarde
> a paseo en un quitrí!

MIGUELÍN.—¿Reconoces al hombre de tu sueño?

MARI-GAILA.—Cambia por el ojo que lleva tapado.

MIGUELÍN.—Compadre Miau, una suerte del pajarito para esta mujer. Yo la abono.

EL COMPADRE MIAU.—Yo se la regalo, que más merece por su gracia. *Colorín*, saca la suerte de esta señora. *Colorín*, interroga su estrella.

MARI-GAILA.—Mi suerte es desgracia.

Colorín, caperuza verde y bragas amarillas, aparece en la puerta de su alcázar, con la suerte en el pico. MARI-GAILA recoge el billete, y sin desdoblarlo se lo entrega al farandul, que hace la lectura en una rueda de rostros atentos.

Lectura del COMPADRE MIAU.—«Venus y Ceres. En esta conjunción se descorren los velos de tu Destino. Ceres te ofrece frutos. Venus, licencias. Tu destino es el de la mujer hermosa. Tu trono, el de la Primavera.»

MARI-GAILA.—¡Quebrados aciertos! Mi suerte es desgracia.

Bajo el parral, ancho y corrido sobre las puertas del mesón, las figuras se definen en una luz verdosa y acuaria. MIGUELÍN EL PADRONÉS, lañada la fuente, se arrima al corro, la lengua sobre el lunar, la risa torcida, recogidos los brazos, el andar ondulante.

MIGUELÍN.—¿Qué representa el ojo que lleva usted cubierto, Compadre Miau?

EL COMPADRE MIAU.—Que con uno me basta para conocerle a usted las intenciones, Comadre Maricuela.

MARI-GAILA.—Vuelve por otra, Padronés.

EL COMPADRE MIAU.—¿No me hace gracia el ojo tapado? Dígalo usted, señora.

MARI-GAILA.—Si usted se lo descubre, amigo, podré compararlo.

EL COMPADRE MIAU.—Luego nos apartaremos secretamente para el cotejo. ¿Hace?

MARI-GAILA.—¿Qué representa esa palabra?

EL COMPADRE MIAU.—¿Quiere decir si quedamos convenidos?

MARI-GAILA.—Si usted lo desea.

EL CIEGO DE GONDAR, *con la montera derribada y una taza de vino entre las manos, asoma en la puerta del mesón. Tiene la risa jocunda del mosto y del yantar.*

EL CIEGO DE GONDAR.—Mari-Gaila, ven a echar un trago.

MARI-GAILA.—Se agradece.

EL CIEGO DE GONDAR.—Bebe para refrescar la voz, Mari-Gaila. Adentro oí tu copla.

MARI-GAILA *enjúgase los labios con un pico del pañuelo que lleva a la cabeza, recibe la taza desbordante y roja de manos del ladino viejo y bebe, gorjeando el vino en la garganta.*

MARI-GAILA.—¡Es canela!

EL CIEGO DE GONDAR.—Propio del Condado.

MARI-GAILA.—Y con estas calores se aprecia doblemente.

EL CIEGO DE GONDAR.—¿Quieres catar ahora un blanco que hay de Amandi? ¡Sabe a fresas!

MARI-GAILA.—¡Buena vida te das!

EL CIEGO DE GONDAR.—Si quieres catarlo, entra.

MARI-GAILA.—¿Y si da en mareárseme la chola?

EL CIEGO DE GONDAR.—Nos subimos a dormir al sobrado.

MARI-GAILA.—¡Condenada tema! ¿Cómo estás tú sin una buena rapaza?

EL CIEGO DE GONDAR.—Las rapazas solamente valen para sí. Un ciego requiere mujer lograda.

EL COMPADRE MIAU.—¡Más parece al contrario! Como no ve, no puede apreciar hermosura, y cuando palpe, querrá encontrar las mollas prietas.

EL CIEGO DE GONDAR.—¿Tú cómo las tienes, Mari-Gaila?

La Ventera.—Después de parir, no hay mollas duras.

Mari-Gaila.—Eso va en la condición de cada mujer. Yo, después de parir, tenía la carne que no se me agarraba un repulgo.

El Ciego de Gondar.—Deja ver cómo las tienes ahora.

Mari-Gaila.—Para que te acompañe, has de tener las manos quedas.

El Compadre Miau.—¡Si usted se va, no podremos hacer el cotejo!

Mari-Gaila.—¿Habla usted del cotejo del ojo biroque?

El Compadre Miau.—¡Cabal!

Mari-Gaila.—Nos juntamos luego.

El Compadre Miau.—¿Quiere usted esperarme en el mesón?

Mari-Gaila.—Con este amigo le aguardo, si no se tarda.

Mari-Gaila *bate en la espalda del viejo ladino y penetra en el mesón tirando del dornajo. Antes de desaparecer en la oscuridad del zaguán, se vuelve, y con un guiño dice abur a los que se quedan.*

El Compadre Miau.—El garbo de esa mujer no es propio de estos pagos. ¡Y el pico!

EL VENDEDOR DE AGUA DE LIMÓN.—¡Pues no se dan las pocas mujeres de gusto y postín en esta tierra! Y usted habrá oído de una que tiene fama en el mundo. ¡La Carolina Otero! Pues ésa es hija del legoeiro de San Juan de Valga. ¡Esa, la propia que se acuesta con el rey de los franceses!

EL COMPADRE MIAU.—Los franceses no tienen rey.

EL VENDEDOR DE AGUA DE LIMÓN.—Pues del que manda allí.

EL COMPADRE MIAU.—Allí es República, como debiera serio la España. En las Repúblicas manda el pueblo, usted y yo, compadre.

EL VENDEDOR DE AGUA DE LIMÓN.—Pues entonces, ¿con quién se acuesta la hija del legoeiro de San Juan de Valga? ¡Porque la historia es cierta! ¡Y ahí tiene usted una hija que no se olvida de su madre! ¡La sacó de andar a pedir y la puso taberna!

LA TATULA.—¡Y pensar que una suerte como ésa pudo tener la Mari-Gaila!

MIGUELÍN.—Coplas de este amigo.

EL VENDEDOR DE AGUA DE LIMÓN.—Este amigo, por tener andado mundo, debe entenderlo.

EL COMPADRE MIAU.—Esa mujer, en unas manos que supiesen conducirla, pudo llegar adonde la otra.

EL VENDEDOR DE AGUA DE LIMÓN.—¡Mucho decir es!

EL COMPADRE MIAU.—No soy el primero. *Colorín* también se lo ha pronosticado, y en su pico está toda la ciencia de lo venidero. ¡A la suerte del pajarito, señoras y señores! ¡A la suerte del pajarito, que les descorrerá el velo del porvenir! ¡Señoras y señores, a la suerte del pajarito!

ESCENA CUARTA

La Quintana de San Clemente, a la caída de la tarde, en la hora de las Cruces. Está llena de pájaros y de sombras casi moradas. PEDRO GAILO, *el sacristán, pasea por el pórtico, batiendo las llaves. Con las barbas grises sin afeitar y las mejillas cavadas, el sacristán tiene algo que recuerda la llama amarilla de los cirios. Salen de la iglesia las últimas mujerucas, y reza sobre la tierra fresca de una sepultura* MARICA DEL REINO.

PEDRO GAILO.—¡Adiós, Marica! Al salir, cierra la cancela.

MARICA DEL REINO.—No te vayas sin hablar conmigo. Déjame rematar este Gloria.

El sacristán se sienta en el muro del atrio sonando las llaves. MARICA DEL REINO *se santigua. El hermano la ve venir sin moverse.*

MARICA DEL REINO.—¿Qué era lo tratado?

PEDRO GAILO.—¿Por dónde vienen esas palabras, Marica?

MARICA DEL REINO.—¿Y no se te alcanza? ¡Pues es manifiesto!

PEDRO GAILO.—Si no haces más luz...

MARICA DEL REINO.—¿Qué fue del carretón?

PEDRO GAILO.—Cuanto tú sabes, cuanto sé.

MARICA DEL REINO.—¡Así dejas que la mujer se te vaya extraviada!

PEDRO GAILO.—Tiene quien le cubra la honra.

MARICA DEL REINO.—¡Ay hermano mío, otro tiempo tan gallo, y ahora te dejas así picar la cresta! ¿Qué te dio esa mala mujer que de tu honra no miras?

PEDRO GAILO.—¡Llegas como la serpiente, Marica!

MARICA DEL REINO.—¡Porque te hablo verdad, me motejas!

PEDRO GAILO.—¡Te dejas mucho llevar de calumnias, Marica!

MARICA DEL REINO.—¡Calumnias! ¡Ojalá lo fueran, que esa mala mujer, con su conducta, es oprobio de nuestras familias!

PEDRO GAILO.—¡Tanto hablar, tanto hablar, pudiese acontecer que diese fin de mi prudencia! Ya no le queda más que el rabo.

MARICA DEL REINO.—¡Acaba de desollarlo, y paga en esta tu hermana, que lo es, la rabia de tu honra!

PEDRO GAILO.—No iban por ti mis palabras, aunque bien pudieran ir. ¡Son muchas las malas lenguas!

MARICA DEL REINO.—¡Ya se te caerá la venda, hermano mío!

PEDRO GAILO.—¿Qué puñela quieres que haga? ¡Tú buscas que tu hermano se pierda!

MARICA DEL REINO.—¡Busco que no sea consentido!

PEDRO GAILO.—¡Que se pierda!

MARICA DEL REINO.—¡Tendrás honra!

PEDRO GAILO.—¡La honra de una cárcel!

MARICA DEL REINO.—No te digo que la mates, pero májala.

PEDRO GAILO.—Se me vuelve.

MARICA DEL REINO.—No le darás a ley.

PEDRO GAILO.—¡Estoy resentido del pecho! ¡Considera!

MARICA DEL REINO.—¡Por qué considero!

PEDRO GAILO.—Para alcanzar alguna cosa tendría que matarla. Las tundas no bastan, porque se me vuelve. ¡Considera!

MARICA DEL REINO.—Pues desuníos.

PEDRO GAILO.—Nada se remedia.

MARICA DEL REINO.—Esa mala mujer te tiene avasallado.

PEDRO GAILO.—Si un día la mato, me espera la cadena.

MARICA DEL REINO.—¡Eres bien sufrido!

PEDRO GAILO.—¡Tú quieres que yo me pierda, y tanto harás que me subirás a la horca! ¡Me hilan el cáñamo las malas lenguas y llaman sobre mí al verdugo! ¡Por perdido me cuento! ¡Tendrás, Marica, un hermano ahorcado! ¡Esta noche saco los filos al cuchillo! ¡No quisiera sobre mi alma tus remordimientos!

MARICA DEL REINO.—¡A mí me culpas! Si tienes perdida la honra y miras por cobrarla, será tu sino que así sea.

PEDRO GAILO.—El sino que me dan las lenguas murmuradoras. ¡Abrasadas sean tantas malas lenguas! ¡Así se pierde a un hombre de bien que iba por su camino sin faltar! ¡Cuitado de mí! Marica, hermana mía, ¿cómo de considerarlo no te entra la mayor pena?

MARICA DEL REINO.—El corazón tengo cubierto.

PEDRO GAILO.—¡Ay, qué negro calabozo el que me dispones!

MARICA DEL REINO.—¡En qué hora triste fuiste nacido! ¡Jamás de los jamases me quitaré el luto de encima si llevas a cabo tu mal pensamiento! ¡Ay hermano mío, antes quisiera verte entre cuatro velas que sa-

cando filo al cuchillo! ¡Celos con rabia a la puerta de
la casa, nunca dictaron buen consejo! ¡Ay hermano
mío, sentenciado sin remedio! ¡Cuando quieres mirar
por tu honra, te echas encima una cadena! ¡Esconde
el cuchillo, hermano mío, no le saques filo! ¡No te
comprometas, que solamente de considerarlo toda el
alma se me enciende contra esa mala mujer! ¡La gran
Anabolena se desvaneció con el carretón! ¡Ay hermano
mío! ¿Por qué es tan tirana la honra que te ordena
cachear, en busca de esa mujer, hasta los profundos
de la tierra?

*Las voces declamadoras de aquella vieja, en el silen-
cio del atrio lleno de sombras moradas, de fragancias
de rocío, de vuelos inocentes de pájaros, tienen el sentido de las negras sugestiones en la primera inocencia
sagrada. El sacristán huye por el camino de la aldea.
La sotana escueta y el bonete picudo ponen en su sombra algo de embrujado. Se vuelve, perdido entre los
maizales llenos del rezo de anochecido y levanta los brazos negros, largos, flacos.*

PEDRO GAILO.—¡Me entregas al pecado! ¡Me entregas al pecado!

ESCENA QUINTA

Cielo estrellado. Una garita de carabineros medio tumbada en la playa y deshaciéndose. Olas de mar con perfiles de plata abren sobre las peñas; se mecen sombras de masteleros; alumbran las boyas lejanas; en la taberna del puerto hay coplas y cartas. MARI-GAILA *llega tirando del dornajo, y escucha, acurrucándose en la sombra de la garita. Suenan livianos unos cascabeles.* COIMBRA *corre la playa olfateando. Y se destaca, por negro, en la puerta iluminada de la taberna la figura de* SÉPTIMO MIAU. MARI-GAILA *le cecea, y en la sombra de la garita se juntan los dos.*

MARI-GAILA.—Vamos más lejos.

SÉPTIMO MIAU.—No se sobresalte usted.

MARI-GAILA.—Miro por mi honra. Si aciertan a vernos juntos, ya están levantando un enredo.

SÉPTIMO MIAU.—Podemos ocultarnos en la casilla.

MARI-GAILA.—No le quiero a usted tan cerca, amigo. Retire usted el brazo.

SÉPTIMO MIAU.—Ya está usted amenazándome con las uñas.

MARI-GAILA.—Es mi modo. ¿Y cómo va usted por el mundo sin una buena compañera?

SÉPTIMO MIAU.—Aún no pude ganar un corazón.

MARI-GAILA.—¿A quién requirió usted, que alcanzó tan mala correspondencia?

SÉPTIMO MIAU.—De mujeres maldigo.

MARI-GAILA.—Por ellas ciega.

SÉPTIMO MIAU.—Por una sola, que es usted.

MARI-GAILA.—¡Cuánta calor!... Pues iba el amigo acompañado, no hace mucho, de una buena hembra.

SÉPTIMO MIAU.—Usted la ha conocido.

MARI-GAILA.—Oí conversas. ¿Qué ha sido de ella?

SÉPTIMO MIAU.—Se ha suicidado.

MARI-GAILA.—¿Qué representa tal palabra?

SÉPTIMO MIAU.—Que ella misma se ha dado muerte.

MARI-GAILA.—¿De verse abandonada?

SÉPTIMO MIAU.—De falta de cabeza.

MARI-GAILA.—O de mucho amor.

SÉPTIMO MIAU.—¿Por usted no se ha matado ningún hombre?

MARI-GAILA.—¡Cómo se chulea!

SÉPTIMO MIAU.—Pues seré yo el primero.

MARI-GAILA.—No tiene mi cara ese mérito.

SÉPTIMO MIAU.—Usted no puede apreciarlo.

MARI-GAILA.—¡Qué labia gasta!

SÉPTIMO MIAU.—Usted no querrá mi muerte.

MARI-GAILA.—Ni la de usted ni la de nadie. ¡Demonio fuera! ¡No me pase usted el brazo!

SÉPTIMO MIAU.—¿Tiene usted cosquillas?

MARI-GAILA.—Sí las tengo. ¡Estése quieto el amigo, que llega gente!

SÉPTIMO MIAU.—Nadie llega.

MARI-GAILA.—Puede llegar. ¡Es usted atrevido!

SÉPTIMO MIAU.—Vamos a entrarnos en la casilla.

MARI-GAILA.—¡Le acudió buena tema!

El farandul empuja suavemente a la coima, que se resiste, blanda y amorosa, recostándose en el pecho del hombre. Los cohetes abren sus luces de colores y cabrillean sobre el mar. Clamoreo de campanas que tocan a vísperas. En la súbita claridad de los cohetes aparecen las torres de la Colegiata. MARI-GAILA, en la puerta de la garita, se agacha y levanta un naipe caído en la arena.

MARI-GAILA.—¡Las siete espadas! ¿Cómo se interpreta?

SÉPTIMO MIAU.—Que de siete trabajos te recompensas durmiendo esta noche con Séptimo.

MARI-GAILA.—¿Y si duermo la semana?

SÉPTIMO MIAU.—De tu vida entera.

MARI-GAILA.—¡Se proclama usted Dios!

SÉPTIMO MIAU.—No conozco a ese sujeto.

MARI-GAILA *se detiene resistiéndose a entrar en la garita, entorna los ojos, respira con reir alegre de vino y licencias. Dejándose abrazar del farandul murmura con transporte.*

MARI-GAILA.—¿Eres el Conde Polaco?

SÉPTIMO MIAU.—Deja esos cuentos.

MARI-GAILA.—¿No lo eres?

SÉPTIMO MIAU.—No lo soy; mas pudiera suceder que le conociese.

MARI-GAILA.—Pues si es tu amigo, cumples dándole el santo de que le buscan los guardias.

SÉPTIMO MIAU.—¿Piensas que él no lo sepa? ¡Ya estará advertido!

MARI-GAILA.—¿Tú no lo eres?

SÉPTIMO MIAU.—Cambia la tocata.

MARI-GAILA.—Por cambiada.

SÉPTIMO MIAU.—Entra.

MARI-GAILA.—¿Y qué hago del carretón?

SÉPTIMO MIAU.—Lo dejas fuera. Entramos, pecamos y nos caminamos.

MARI-GAILA.—Lindo verso.

SÉPTIMO MIAU.—¡Hala!

MARI-GAILA.—¡Séptimo, no me aprecias!

El farandul muerde la boca de la mujer, que se reco-
ge suspirando, fallecida y feliz. El claro de luna los
destaca sobre la puerta de la garita abandonada.

SÉPTIMO MIAU.—¡Bebí tu sangre!

MARI-GAILA.—A ti me entrego.

SÉPTIMO MIAU.—¿Sabes quién soy?

MARI-GAILA.—¡Eres mi negro!

ESCENA SEXTA

La casa de los Gailos. En la cocina, terreña y a teja-
vana, ahuma el pabilo sainoso del candil, y las gallinas
se acogen bajo la piedra morna de las llares. SIMONIÑA,
dando cabezones tras un cañizo, soltábase los refajos
para dormir, y el sacristán bajaba del sobrado, des-
calzo y cubierto con una sotana vieja. En una mano
trae negro cuchillo carnicero, y en la otra un pichel.
Hablando con su sombra se sienta a canto de la piedra
larera.

PEDRO GAILO.—¡He de vengar mi honra! ¡Me cumple procurar por ella! ¡Es la mujer la perdición del
hombre! ¡Ave María; si así no fuera, quedaban por
cumplir las Escrituras! ¡De la mujer se revira la serpiente! ¡Vaya si se revira! ¡La serpiente de las siete
cabezas!

SIMONIÑA.—¿Qué barulla mi padre? ¡Ande a dormir!

PEDRO GAILO.—Callar la boca es obediencia.

SIMONIÑA.—Hoy achicó fuera de ley. ¡Ande a dormir, borrachón!

PEDRO GAILO.—Tengo de sacar filo al cuchillo.

SIMONIÑA.—¡Borrachón!

PEDRO GAILO.—¡Toda la noche a la faena!... ¡Para vengar mi honra! ¡Para procurar por ella! ¡Ya va dando los filos! ¡Es mi suerte que me pierda! ¡Sin padre y sin madre te vas a encontrar, Simoniña! ¡Considera! ¡Mira cómo el cuchillo da los filos! ¡Tiene lumbres de centellón! Y tú, tan nueva, ¿qué harás en este valle de lágrimas? ¡Ay Simoniña, el fuero de honra sin padre te deja!

SIMONIÑA.—¡Condenada tema diole la aguardiente!

PEDRO GAILO.—¡Sin padre te quedas! Con este cuchillo he de cortar la cabeza de la gran descastada, y con ella suspendida por los pericos iré a la presencia del Señor Alcalde Mayor: Usía ilustrísima mandará que me prendan. Esta cabeza es la de mi legítima esposa. Mirando por mi honra se la rebané toda entera. Usía ilustrísima tendrá puesto en sus textos el castigo que merezco.

SIMONIÑA.—¡Calle, mi padre, que toda la sangre se me hiela! ¡Levantáronle la cabeza con cuentos! ¡Ay, qué almas negras!

PEDRO GAILO.—La mujer que se desgarra del marido,
¿qué pide? Y los malos ejemplos, ¿qué piden? ¡Cuchillo! ¡Cuchillo! ¡Cuchillo!

SIMONIÑA.—¡No se encienda en malos pensamientos,
mi padre!

PEDRO GAILO.—¡Está escrito! ¡Mujer, pagarás tu vilipendio con la cabeza rebanada!... Te quedas huérfana,
y lo mereces por rebelde. No me da ninguna dolor de
tu orfandad. Pues a lo mío. ¡Mira cómo el cuchillo
reluce!

SIMONIÑA.—¡Arrenegado! Usted no es mi padre. El
Demonio revistióse en su forma. ¡Tres veces arrenegado! ¿Qué gran culpa es la de mi madre? ¿Dónde se
manifiesta?

PEDRO GAILO.—¡Su culpa tú no la ves! ¡Cacheas por
ella, y no la ves! ¿Y ves al viento que levanta las tejas?
¡Tu madre tiene sentencia de muerte!

SIMONIÑA.—¡Ay mi padrecito, esperemos que Dios
se la mande! Usted no se cubra las manos de sangre.
¡Mire que habrá de verlas siempre manchadas! ¿Y
quién nos dice que mi madre no volverá?

PEDRO GAILO.—¡Oveja que descarría, clamará en cortaduría! No te pongas de por medio, Simoniña. ¡Desapártate! ¡Déjame que prenda de los pericos a esa mala
mujer! ¡He de arrastrarla por la cocina! ¡Berrea, gran
adúltera! Llevarás una piedra entre los dientes, como
los puercos.

SIMONIÑA.—Repórtese mi padrecito. Beba otra copa y duérmase.

PEDRO GAILO.—¡Calla, rebelde! ¿Por qué abriste la puerta para que se esvaneciese? Enterrada al pie del hogar, nunca descubierta sería...

SIMONIÑA.—Ha de ser una cueva bien honda, y ahora le cumple tomar ánimos con un trago.

En camisa, descubiertos los hombros, toma el pichel del aguardiente y lo levanta sobre la boca del borracho, que lo aparta con una mano y cierra los ojos.

PEDRO GAILO.—Bebe tú primero, Simoniña.

SIMONIÑA.—¡Es anisado!

PEDRO GAILO.—Bebe tú y déjame una gota. ¡La mujer se desgarra de su casa!

SIMONIÑA.—Apure lo que resta, y espante los malos pensamientos.

PEDRO GAILO.—La mujer se debe al marido, y el marido a la mujer. Los dos usan de sus çuerpos por el Santo Sacramento.

SIMONIÑA.—Si quiere mujer ha de hallarla, que no es tan viejo ni tan cativo. Usted busque el amigarse fuera de casa, que otra a gobernar, aquí no entra.

PEDRO GAILO.—¿Y si de noche el enemigo me solivianta, que es muy tentador? ¡Muy tentador, Simoniña!

SIMONIÑA.—Con latines lo espanta.

PEDRO GAILO.—¿Si me llama a pecar contigo?

SIMONIÑA.—¡Demonio fuera!

PEDRO GAILO.—Cúbrete los hombros, que el pecado está en mí revestido.

SIMONIÑA.—Beba y duérmase.

PEDRO GAILO.—¡Qué piernas redondas tienes, Simoniña!

SIMONIÑA.—Si toda yo soy repolluda, no había de tener flacas las piernas.

PEDRO GAILO.—¡Y eres blanca!

SIMONIÑA.—No mire lo que no debe.

PEDRO GAILO.—Vístete un refajo, y vamos a minar la cueva.

SIMONIÑA.—¿Otra vez vuelve con el mismo delirio?

PEDRO GAILO.—¡Me parte la cabeza!

SIMONIÑA.—Ande para la cama.

PEDRO GAILO.—¿Para qué cama, venturosa? Si no has de estar conmigo en la cama no voy a ella.

SIMONIÑA.—Pues deje el cuchillo. ¡Era buena burla acostarnos los dos!

PEDRO GAILO.—Vamos a jugársela.

SIMONIÑA.—¿Ya no piensa en rebanar ningún pescuezo?

PEDRO GAILO.—Calla la boca.

SIMONIÑA.—Póngase en pie, y no me pellizque las piernas.

PEDRO GAILO.—¡Eres canela!

SIMONIÑA *conduce al borracho a la yacija, tras el cañizo, y le empuja, sofocada. Cayéndole la camisa por los hombros, y deshecha la trenza, descuelga el candil y sube a dormir en el sobrado. La voz nebulosa del* SACRISTÁN *sale del cocho de paja.*

PEDRO GAILO.—¡Ven, Simoniña! ¡Ven, prenda! Pues que me da corona, vamos nosotros dos a ponerle otra igual en la frente. ¿Dónde estás, que no te apalpo? Ahora tú eres mi reina. Si coceas, no lo eres más. Le devolvemos su mala moneda. ¡Cómo ríe aquel Demonio colorado! ¡Vino a ponérseme encima del pecho! ¡Tórnamelo, Simoniña!... ¡Prenda! ¡Espántamelo!

SIMONIÑA, *con el candil en la mano, escucha acurrucada en la escalera. El borracho comienza a roncar, y las palabras borrosas que dibujan la línea del sueño se distinguen apenas.*

ESCENA SÉPTIMA

Viana del Prior. Clamoreo de campanas. Noche de lu-
ceros. Un hostal fuera de puertas. Hacen allí posada
mendigos y trajinantes de toda laya, negros segadores,
amancebados criberos, mujeres ribereñas que venden
encajes, alegres pícaros y amarillos enfermos que,
con la manta al hombro y un palo en la mano, piden
limosna para llegar al Santo Hospital. El acaso los
junta en aquel gran zaguán, sin otra luz que la llama
del hogar y la tristeza de un candil colgado a la entra-
da de las cuadras. Aparece ROSA LA TATULA *tirando*
del carretón del enano, llega al mostrador y se regis-
tra la faltriquera al tiempo que ríe toda su boca sin
dientes.

LA TATULA.—¿Es buena esta peseta, Ludovina?

LUDOVINA, *pequeña, pelirroja, encendida, redonda,*
hace sonar la moneda y la frota entre los dedos, exami-
nándola a la luz cornuda del candil. Vuelve a saltarla
sobre el mostrador.

LUDOVINA.—Parece buena. Mírala tú, Padronés.

MIGUELÍN.—No tiene tacha.

LA TATULA.—¿Quieres ponérmela en perras, Ludovina? Tenía mi recelo de que fuese cativa, por la mano

de donde viene. Me la dio el castellano que va con el
pajarito.

MIGUELÍN.—El Compadre Miau.

LA TATULA.—Ese ventolera, que ya encartó con Mari-
Gaila. Juntos como dos enamorados quedan en la plaza
viendo los castillos de fuego, y como es tanto el gentío,
me encomendaron el carretón. Bien hacen en divertir-
se, que son mozos.

LUDOVINA.—De mocedad poco les queda.

MIGUELÍN.—El rabo por desollar. Son pieles del mismo pandero.

*Del fondo oscuro del zaguán sale a la luz un mozo
alto, con barba naciente, capote de soldado sobre los
hombros, y el canuto de la licencia al pecho. Tiene cer-
cenado un brazo, y pide limosna tocando el acordeón
con una mano.*

EL SOLDADO.—Mari-Gaila no es mujer para un hombre de ese porte. ¡La otra tenía un garbo y un ceceo
más bien puesto!

MIGUELÍN.—La otra llevaba un crío a cuestas, y ésta
lleva en el carretón un premio de la lotería. El Compadre Miau, a ese engendro de la cabeza gorda lo pasea
por la redondez de España, sacándole mucho dinero.

EL SOLDADO.—No es caso superior. Fenómenos, otros
que vemos.

LA TATULA.—Mejor enseñados en sus principios.

MIGUELÍN.—El Compadre, de un perro con pulgas, hizo el sacadineros de *Coimbra*.

LA TATULA.—Mari-Gaila, teniendo el disfrute del engendro, o el medio disfrute, no hacía nada.

EL SOLDADO.—No es caso superior.

MIGUELÍN.—Es para lucido en una verbena del propio Madrid. Ludovina, dale una copa, que yo la abono, y trae papel, que le haré un bonete.

EL SOLDADO.—Para una cabeza tan gorda, será solideo.

EL IDIOTA.—¡Hou! ¡Hou!

EL SOLDADO.—Tú como sacabas el dinero era con barbas, una joroba y el bonete colorado.

EL IDIOTA.—¡Hou! ¡Hou!

MIGUELÍN.—Y con todo te verás, si caes en la mano del Compadre Miau.

LA TATULA.—Págale otra copa, y estaos atentos. Cuando tiene dos copas se pone un mundo de divertido. Haz la rana, Laureano.

EL IDIOTA.—¡Cua! ¡Cua!

MIGUELÍN.—¿Quieres otra copa, Laureano?

EL IDIOTA.—¡Hou! ¡Hou!

MIGUELÍN.—Dale otra, Ludovina.

LUDOVINA.—Ya van tres por tu cuenta, tres perras.

MIGUELÍN.—Cóbrate de ese machacante.

LUDOVINA.—¡Viva el rumbo!

MIGUELÍN, *la boca rasgada por una mala risa, y la lengua sobre el lunar rizoso del labio, hace beber al enano, que, hundido en las pajas del dornajo, se relame torciendo los ojos. Bajo la campana de la chimenea resuena deformado el grito epiléptico.*

EL IDIOTA.—¡Hou! ¡Hou!

MIGUELÍN.—Bebe, Napoleón Bonaparte.

EL SOLDADO.—Píntale unos bigotes como los del Kaisér.

MIGUELÍN.—Voy a afeitarle una corona.

LA TATULA.—Tienes ideas del pecado.

A canto del hogar, un matrimonio de dos viejos, y una niña blanca con hábito morado, reparten la cena. Rosquillas, vino y un pañuelo con guindas. La niña, extática, parece una figura de cera entre aquellos dos viejos de retablo, con las arrugas bien dibujadas y los rostros de un ocre caliente y melado, como los pastores de una Adoración. El grito del idiota pone la flor de una sonrisa en la boca triste de la niña.

LA NIÑA.—¿Quieres pan de la fiesta, Laureaniño?
¿Y un melindre?

EL IDIOTA.—¡Releche!

LA TATULA.—Se encandila viendo a la rapaza. ¡Es
muy pícaro!

EL IDIOTA *agita las manos con temblor de epilepsia,
y pone los ojos en blanco. La niña deja sobre el dornajo
guindas y roscos, y vuelve a sentarse en medio de los
padres, abstraída y extática. Con su hábito morado y
sus manos de cera, parece una virgen mártir entre dos
viejas figuras de retablo.*

LA MADRE.—Ludovina, no consientas que tanto le den
a beber. ¡A pique de que lo maten!

LA TATULA.—¡Maldita palabra!

EL IDIOTA, *los ojos vueltos y la lengua muerta entre
los labios negruzcos, respiraba con ahogado ronquido.
La enorme cabeza, lívida, greñuda, viscosa, rodaba en
el hoyo como una cabeza cortada.* MIGUELÍN EL PADRO-
NÉS, *sesgando la boca sacaba la punta de la lengua y
mojaba de salivilla el rizo de su lunar. Las otras sombras se inclinaban sobre el dornajo.*

LUDOVINA.—No le quitéis el aire.

MIGUELÍN.—Metedlo de cabeza en el pozo, que eso se
le pasa.

LUDOVINA.—Tatula, sácalo para fuera. Aquí no quiero más danzas.

Con la boca cada vez más torcida, araña la colcha remendada del dornajo, y sus manos, sacudidas de súbitos temblores, parecen afilarse. La niña y los viejos guardan una actitud cristiana, recogidos tras la llama del hogar.

EL PADRE.—Lo acontecido no le acontece a la finada. Aquella tenía mano, pero este pronunciamiento de darle cada uno su copa...

LUDOVINA.—Saca para fuera el carretón, Tatula.

MIGUELÍN.—Métele en el pozo, que eso no es nada.

EL SOLDADO.—¡Nada más que la muerte!

LUDOVINA.—¡Centellón! ¡Que no lo quiero bajo mis tejas!

LA TATULA.—¡Acaso no sea muerte total!

LUDOVINA.—Yo miro por mi casa: ¡Y tú tienes toda la culpa, Maricuela!

MIGUELÍN.—Después de que pago las copas, aún me vienes con apercibimientos.

El enano había tenido el último temblor. Sus manos infantiles, de cera oscura, se enclavijaban sobre la colcha de remiendos, y la enorme cabeza azulenca, con la lengua entre los labios y los ojos vidriados, parecía

*degollada. Las moscas del ganado acudían a picar en
ella.* LUDOVINA *había dejado el mostrador.*

LUDOVINA.—¡Que no quiero compromisos en mi casa!
¡Centellón! ¡A ver cómo os ponéis todos fuera!

LA TATULA.—Fuera me pongo. Pero conviene que
todos se callen la boca de cómo se pasó este cuento.

LUDOVINA.—Aquí ninguno vio nada.

LA VIEJA *rueda el dornajo, y en el umbral de la puerta, blanco de luna, aparece la* MARI-GAILA. *Su sombra,
llena de ritmos clásicos, se pronuncia sobre la noche
de plata.*

MARI-GAILA.—¡Salud a todos!

LUDOVINA.—Oportuna llegas.

MARI-GAILA.—¿Qué misterio se pasa?

LA TATULA.—Que la muerte no tiene aviso.

MARI-GAILA.—¿El baldadiño?

LUDOVINA.—Espichó.

MARI-GAILA.—¡Espadas son desgracias! ¿Cómo a
Séptimo le daría aviso? ¡Bien quisiera pedirle consejo!

MIGUELÍN.—¿Dónde quedó?

MARI-GAILA.—Fue llamado del Casino de los Caba-
lleros.

LUDOVINA.—El consejo es darle tierra.

MARI-GAILA.—¿Tierra bendita?

LUDOVINA.—¡No vas a enterrarlo al pie de un limonero!

EL PADRE DE LA NIÑA EXTÁTICA.—Cumple en conciencia, y pon al hijo bajo la cruz de la madre.

MARI-GAILA.—Habré de caminar toda la noche con el muerto en el carro. ¡Arrenegado el Demonio sea! Échame una copa, Ludovina. Tragos con tragos. Échame otra para que sea medio real. Si por mí preguntase Séptimo...

LUDOVINA.—Tendrá respuesta. ¡Mari-Gaila, pónteme fuera! ¡No quiero más sobre mis bienes el aire del muerto!

MARI-GAILA.—¡Nuestro Señor Misericordioso, te llevas mis provechos y mis males me dejas! ¡Ya se voló de este mundo quien me llenaba la alforja! ¡Jesús Nazareno, me quitas el amparo de andar por los caminos, y no me das otro sustento! ¡No harás para mí tus milagros, no me llenarás el horno de panes, Jesús Nazareno!

ESCENA OCTAVA

Noche de luceros. MARI-GAILA *rueda el dornajo por un camino blanco y lleno de rumor de maizales. Canta el cuco. Cuando fina, suena la risa tremolante del* TRASGO CABRÍO. *Está sentado sobre un peñasco, con la barba greñuda, estremecida por una ráfaga de viento.* MARI-GAILA *lo conjura.*

MARI-GAILA:

> ¡A la una, la luz de la luna!
> ¡A las dos, la luz del sol!
> ¡A las tres, las tablillas de Mosén!

EL CABRÍO.—¡Jujurujú!

MARI-GAILA.—¡Arrenegado!

EL CABRÍO.—¡Esta noche bien me retorciste los cuernos!

MARI-GAILA.—¡A las cuatro, el canto del gallo!

EL CABRÍO.—¡Jujurujú! ¡Bésame en el rabo!

El paraje se trasmuda. MARI-GAILA *atraviesa una calzada por un estero rielante.* EL CABRÍO, *sentado sobre las patas, en medio de la vereda, ríe con aquella gran risa que pasa retorciéndose por las perillas de su barba.*

MARI-GAILA:

¡A las cinco, lo que está escrito!
¡A las seis, la estrella de los Reyes!
¡A las siete, ceras de muerte!

EL CABRÍO.—Cuando remates, echaremos un baile.

MARI-GAILA:

¡A las ocho, llamas del Purgatorio!
¡A las nueve, tres ojos y tres trébedes!
¡A las diez, la espada del Arcángel San Miguel!
¡A las once, se abren las puertas de bronce!
¡A las doce, el trueno del Señor revienta en las tripas
[del Diablo Mayor!

MARI-GAILA *espera el trueno, y sólo oye la risa del* CABRÍO. *Otra vez se trasmuda el paraje. Hay una iglesia sobre una encrucijada. Las brujas danzan en torno. Por la puerta sale un resplandor rojizo, y pasa el viento cargado de humo, con olor de sardinas asadas.* EL CABRÍO, *sobre la veleta del campanario, lanza su relincho.*

EL CABRÍO.—¡Jujurujú!
MARI-GAILA.—¡Arrenegado una y mil veces!
EL CABRÍO.—¿Por qué me desconoces?

MARI-GAILA.—¡Negro, si jamás te vi!

EL CABRÍO.—¡Vente conmigo al baile!

MARI-GAILA.—De tus romerías saber no quiero.

EL CABRÍO.—¡Jujurujú! Te llevaré por los aires, más alto que el Sol y la Luna. ¡Jujurujú!

MARI-GAILA.—Tu poder aborrezco.

EL CABRÍO.—¿Quieres que te ponga al final de tu camino? Con sólo soplar puedo hacerlo.

MARI-GAILA.—Ya lo sé que puedes.

EL CABRÍO.—Tú en toda la noche no das andado lo que te falta.

MARI-GAILA.—¡Arrédrate, Cabrío, y déjame pasar!

MARI-GAILA *tira del dornajo sin poder moverlo. Lo siente pesado, como si fuese de piedra.* EL CABRÍO *deja oir su relincho.*

EL CABRÍO.—¡Jujurujú! En toda la noche no arribas a tu puerta. ¿Quieres mi ayuda?

MARI-GAILA.—¿Por qué precio me la otorgas?

EL CABRÍO.—Por ninguna cosa. En rematando el viaje echamos un baile.

MARI-GAILA.—Como solamente fuera eso...

EL CABRÍO.—Eso y no más.

MARI-GAILA.—Tengo mejor cortejo.

EL CABRÍO.—¡Jujurujú! A tu ventura te quedas.

EL CABRÍO *revienta en una risada, y desaparece del campanario, cabalgando sobre el gallo de la veleta. Otra vez se trasmuda el paraje, y vuelve a ser el sendero blanco de luna, con rumor de maizales.* MARI-GAILA *se siente llevada en una ráfaga, casi no toca la tierra. El impulso acrece, va suspendida en el aire, se remonta y suspira con deleite carnal. Siente bajo las faldas la sacudida de una grupa lanuda, tiende los brazos para no caer, y sus manos encuentran la retorcida cuerna del* CABRÍO.

EL CABRÍO.—¡Jujurujú!

MARI-GAILA.—¿Adónde me llevas, negro?

EL CABRÍO.—Vamos al baile.

MARI-GAILA.—¿Por dónde vamos?

EL CABRÍO.—Por arcos de Luna.

MARI-GAILA.—¡Ay, que desvanezco! ¡Temo caer!

EL CABRÍO.—Cíñeme las piernas.

MARI-GAILA.—¡Qué peludo eres!

MARI-GAILA *se desvanece, y desvanecida se siente llevada por las nubes. Cuando, tras una larga cabalgada por arcos de Luna, abre los ojos, está al pie de su puerta. La Luna grande, redonda y abobada, cae sobre el dornajo donde el enano hace siempre la misma mueca.*

ESCENA NOVENA

SIMONIÑA, *en camisa, los pies furtivos y descalzos, desciende la escalera del sobrado. En la cocina, negra y vacía, resuenan los golpes con que llaman a la puerta.*

SIMONIÑA.—¡Están a petar, mi padre!

PEDRO GAILO.—Petar petan...

SIMONIÑA.—¿Pregunto quién sea?

PEDRO GAILO.—¿Y qué mal puede venir de preguntar?

LA VOZ DE MARI-GAILA.—¡Abriréis, condenados!

SIMONIÑA.—¡Es mi madre que está de retorno! ¡Como ella es de ley!

PEDRO GAILO.—¡A saber qué achaque la trae!

SIMONIÑA.—¿Dónde quedaron los mixtos?

PEDRO GAILO.—De mi mano no quedaron.

LA VOZ DE MARI-GAILA.—¡Ay, aborrecidos! ¿Es que cuidáis de tenerme toda la noche a la luna?

SIMONIÑA.—Estoy a cachear por los mixtos.

LA VOZ DE MARI-GAILA.—¡Llevo aquí la vida perdurable!

SIMONIÑA.—Aguarde que encienda el candil.

*La sombra del sacristán, larga y escueta, asoma por
encima del cañizo. Bajo la chimenea, el candil, ya encendido, se mece con lento balance, y la mozuela, cayéndole por los hombros la camisa, levanta las trancas de
la puerta. MARI-GAILA se aparece en el claro de luna,
negra y donosa. En el camino, medio volcado, está el
carretón.*

MARI-GAILA. — ¡Sois piedras cuando os echáis a
dormir!

PEDRO GAILO.—A los cuerpos cansados del trabajo,
no ha de pedírseles que duerman con un ojo abierto
como las liebres.

MARI-GAILA.—¿Qué estás a barullar, latino? ¡Así
durmieses y no despertases!

PEDRO GAILO.—¿No tienes mejores palabras cuando
te acoges a tu casa, descarriada?

MARI-GAILA.—¡No me quiebres la cabeza!

PEDRO GAILO.—¡Más me cumplía, y era el rebanár-
tela del pescuezo!

MARI-GAILA.—¡Loquéaste, latino!

PEDRO GAILO.—¿Dónde está mi honra?

MARI-GAILA.—¡Vaya el cantar que te acuerda!

PEDRO GAILO.—¡Te hiciste pública!

MARI-GAILA.—¡A ver si te enciendo las liendres!

SIMONIÑA.—¡No comiencen la pelea!

MARI-GAILA.—¡Buenos latines cuando perdimos nuestro bien!

SIMONIÑA.—¿El baldadiño, mi madre?

MARI-GAILA.—Espichó.

PEDRO GAILO.—Por modo que... ¿Algún dolor repentino?

MARI-GAILA.—Una alferecía. ¡Acabóse nuestro provecho!

PEDRO GAILO.—Él dejó de padecer, y no miró más.

MARI-GAILA.—Cuatro machacantes junté en este medio tiempo.

MARI-GAILA *desanuda con los dientes una punta del pañuelo, y haciéndolas saltar en la mano, muestra las cuatro monedas.* SIMONIÑA, *ante aquellas luces, comienza el planto.*

SIMONIÑA.—¡Ya se fue el sol de nuestra puerta! ¡Ya se acabó el bien de nuestra casa! ¡Ay, que se fue de este mundo sin mirar por nos!

PEDRO GAILO.—Corresponde dar aviso a mi hermana Marica.

MARI-GAILA.—Que la rapaza se llegue por su puerta al ser de mañana...

SIMONIÑA.—¡Madre del Señor, cómo mi tía se va a poner de remontada! ¡La mar de Corrubedo!

MARI-GAILA.—Tú no le hablas palabra. Le dejas el carretón a la puerta, y con la misma, te caminas.

SIMONIÑA.—¿He de llevar el carretón?

MARI-GAILA.—¡Por sabido, aborrecida! ¡Por sabido! ¡No han de ser nuestras costillas a pagar el entierro!

PEDRO GAILO.—¡Y andar en declaraciones!

SIMONIÑA.—Falta que mi tía sea conforme.

MARI-GAILA.—Cuando se mire con el carretón a la sombra de las tejas, verá si lo pone en salmuera.

PEDRO GAILO.—Determinado de hacer conforme a este hablar, cumple que ello se remate antes de venirse el día.

MARI-GAILA.—¡Ahí estás asesado, latino!

SIMONIÑA.—No me llego a la puerta de mi tía sin cuatro chinarros en el mandil.

PEDRO GAILO.—¡Calla, mal enseñada! ¡Es tu tía y no has de alzarte contra ella!

MARI-GAILA.—Si te acoge con malas palabras, le rompes las tejas.

PEDRO GAILO.—No hay caso de tal incumbencia, aprovechando el rabo de la noche.

MARI-GAILA.—No dictaminas mal.

PEDRO GAILO.—Hay que evitar pleitos entre familias. Simoniña, tú le dejas el carretón a la puerta, y te caminas sin promover voces.

SIMONIÑA.—Ya pudo mi madre hacerlo cuando acá dio la vuelta.

PEDRO GAILO.—Son discursos de hombre.

MARI-GAILA.—¡Calla, latino! ¿Consideras que no alcanzo tanta doctrina?

PEDRO GAILO.—No te hago de menos, pero el hombre tiene otras luces.

SIMONIÑA.—¡Muera el cuento!

MARI-GAILA.—Muerto y sepultado. Aprovecha este ínterin de noche y llega con el carretón a la puerta de tu tía.

SIMONIÑA.—¡Estoy a temblar!

MARI-GAILA.—¡Eres muy dama!

SIMONIÑA.—¡El muerto me impone!

MARI-GAILA.—Anda a turrar del carretón.

SIMONIÑA.—¡Ir por esos caminos tan negros!

MARI-GAILA.—Por ellos vino tu madre.

PEDRO GAILO.—No seas rebelde, Simoniña.

SIMONIÑA.—Venga usted conmigo, mi padrecito.

PEDRO GAILO.—Yo te hablaré desde la puerta, Simoniña.

MARI-GAILA.—No te dilates con retóricas, aborrecida.

SIMONIÑA *se ata el refajo con manos temblorosas, échase el mantelo por la cabeza a guisa de capuz, y sale al camino haciéndose cruces y gimoteando. Por el claro de luna tira del negro carretón, donde la enorme cabeza de* EL IDIOTA, *lívida y greñuda, hace su mueca. Las manos infantiles, enclavijadas sobre la cobija, tienen un destello cirial.* PEDRO GAILO, *arrodillado en la puerta, con los brazos abiertos, envía la escolta de sus palabras.*

PEDRO GAILO.—¡Sé bien mandada!... ¡Llegas en una carrera!.... ¿Oyesme?... ¡No lleves temor!... ¡Tienes luna!... ¿Oyesme?...

LA VOZ LEJANA DE SIMONIÑA. — ¡Hábleme, mi padrecito!

ESCENA DÉCIMA

Prima mañana, rosadas luces, cantos de pájaros. En la copa de las higueras abren los brazos derrengados peleles y dos marranos gruñen sobre el dornajo ante la puerta aún cerrada de MARICA DEL REINO. *La vieja, raída y pelona, saca la cabeza por el ventano, y con gritos espanta a las bestias.*

MARICA DEL REINO.—¡Cache!... ¡Cache!... ¡Cache, grandísimos ladrones!... ¡Nuestro Señor me valga, los bacuriños sobre el carretón! ¡A las calladas me lo trujeron! ¡Las malas almas ni una voz para advertirme!

MARICA DEL REINO, *el refajo mal ceñido, y los pechos de cabra seca fuera del justillo, surge del fondo de la cocina, enarbolando la escoba.*

MARICA DEL REINO.—¡Cache, ladrones! ¡Cache, empedernidos!... ¡Alma, no te espantes! ¡No te me vayas, alma! ¡Ay, que toda la cara le comieron! ¡Devorado! ¡Devorado de los bacuriños! ¡Frío del todo!

A las voces van acudiendo los vecinos: Asoman a los ventanos angostos que se abren al socaire de los tejados, se agrupan en los patines, salen de los establos, envueltos en el vaho de los mugidos. La bruja, toda en un grito, apalea las escurridas ancas de los puercos, que gruñen y dan vueltas en la querencia del carretón. Habla SERENÍN DE BRETAL, *un viejo docto que ahora apaga un farol en la puerta del establo.*

SERENÍN DE BRETAL.—Está el mundo desgobernado. Ya las bestias se vuelven sin miramiento para comerse a los cristianos.

Una mujer encinta que, rodeada de críos, está en lo alto de un patín, se santigua y abre los brazos sobre

su prole, con expresión triste y resignada de muerte
lenta.

LA MUJER EN PREÑEZ.—¡Madre de Dios! ¡Madre de
Dios!

SERENÍN DE BRETAL.—Conócese que durmió el carretón a la luna.

UNA VIEJA EN UN VENTANO.—Así pudo suceder.

LA MUJER EN PREÑEZ.—¡Madre de Dios! ¡Madre de
Dios!

MARICA DEL REINO.—¡Calladamente, esta noche me
lo trujeron, y calladamente se caminaron sin revelar-
me del sueño con una voz, sin batirme en la puerta!
¡Su negra conducta ocasiona este ejemplo!

LA MUJER EN PREÑEZ.—¡Su madre estaba a llamar
por él!

MARICA DEL REINO.—¡Aquí tenéis este cuerpo frío!
¡Cara y manos le comieron los cerdos! ¡Duélense las
entrañas, la vista se duele viendo esta carnicería! ¡Tes-
tigo sois! ¡Comido de las bestias!

SERENÍN DE BRETAL.—Las bestias no tienen idea.

LA VIEJA DEL VENTANO.—¡Es manifiesto!

MARICA DEL REINO.—¡Las entrañas se estremecen
viendo estos despojos! ¡Abandonado fuiste a mi puerta,
Laureaniño! ¡Almas soberbias te trajeron la muerte!

LA VIEJA DEL VENTANO.—¡Extraño se hace que al ser mordido no diese voces!

UNA RAPAZA.—Y pudiera ser que las diese, tía Justa.

MARICA DEL REINO.—Hubiérame revelado del sueño.

LA MUJER EN PREÑEZ.—Yo en toda la noche no cerré los ojos.

LA VIEJA DEL VENTANO.—¡Se hace extraño!

SERENÍN DE BRETAL.—¿Y si era muerto cuando los cerdos vinieron a comer en él? ¡Reparad que no ha corrido la sangre! ¡Y el carretón había de estar encendido! Conócese que murió del relente de la luna, que es una puñalada para estos titulados fenómenos.

LA VIEJA DEL VENTANO.—¡A saber si lo trajeron ya muerto!

SERENÍN DE BRETAL.—De andar en justicias no os libráis.

MARICA DEL REINO.—¡Si hay culpados, no se verán sin cadena!

LA VIEJA DEL VENTANO.—¡Muy calladamente vinieron!

MARICA DEL REINO.—¡Un levante de barbas honradas había de haber contra este vituperio! ¿Quién te quitó la vida, Laureaniño? ¡Si hablaras tú, cuerpo muerto!

SERENÍN DE BRETAL.—No alces esas voces, que son responsabilidades. El carretón finó de muerte propia, que nadie va contra su sustento.

MARICA DEL REINO.—¿Quieres decir que acabó bajo mi custodia?

SERENÍN DE BRETAL.—Quiero decir que se lo llevó la voluntad del Señor.

MARICA DEL REINO.—¿Y por qué del sigilo con que me lo dejaron a la puerta? ¡Acabó en sus manos ladronas!

SERENÍN DE BRETAL.—Si es así, tú cumples con volver a llevárselo. Como ellos hicieron, haces.

LA VIEJA DEL VENTANO.—¡Aquí hay misterio!

JORNADA TERCERA

ESCENA PRIMERA

La casa de los GAILOS. *En la cocina, terreña y ahumada, se acurrucan —sombras taciturnas— marido y mujer. Por el tejado rueda burlona una piedra y un vuelo esparcido de rapaces, que pasa ante la puerta, levanta esta copla:*

COPLA DE RAPACES:

> ¡Tunturuntún! La Mari-Gaila.
> ¡Tunturuntún! Que tanto bailó.
> ¡Tunturuntún! La Mari-Gaila.
> ¡Tunturuntún! Que malparió.

MARI-GAILA.—¡Hijos de la grandísima!

PEDRO GAILO.—¡Prudencia!

MARI-GAILA.—¡Centellas!

PEDRO GAILO.—No los incitemos.

MARI-GAILA.—¡Más mereces!

PEDRO GAILO.—¡Titulada de adúltera!

MARI-GAILA.—¡Titulado de cabra!

*Tornan a quedar en silencio. La sombra de una bruja
pasa escurrida pegada a la casa y se detiene a mirar
por la puerta. Es* ROSA LA TATULA, *encorvada, sin dientes, escueta la alforja y el palo en la mano.* MARI-GAILA
*se levanta, y en voz baja tiene coloquio con la vieja.
Entran las dos.* MARI-GAILA *canta.*

LA TATULA.—¿Nada me dices, Pedro Gailo?

PEDRO GAILO.—Que vamos viejos, Tatula.

LA TATULA.—Tú aún rompes unas mangas.

MARI-GAILA.—Y unas bragas. Por cuentos está vira-
do contra mí, como un león africano. ¡Hasta habló de
picarme el cuello!

LA TATULA.—Es hablar que tienen los hombres.

MARI-GAILA.—¡Si de hablar no pasa!

Un profundo suspiro levanta el pecho de MARI-GAILA.
*Con garbo de talle y brazos alcanza el pichel, llena una
copa, que cata con mimos de lengua, y desde lejos, des-
garrándose, se la ofrece al marido.*

MARI-GAILA.—¡Bebe!

PEDRO GAILO.—Quería recibir a Dios.

MARI-GAILA.—Bebe en mi copa.

PEDRO GAILO.—Quería descargar mi conciencia.

MARI-GAILA.—¿Me haces ese feo?

PEDRO GAILO. — ¡Tengo sobre mi alma una negra culpa!

MARI-GAILA.—Bebe, que yo te lo ofrezco.

PEDRO GAILO.—Mi alma no te pertenece.

MARI-GAILA.—Bebe sin escrúpulo.

PEDRO GAILO.—¡Pestilencia!

MARI-GAILA.—¡Ahí tienes sus textos, Tatula!

PEDRO GAILO.—¡Mujer de escándalo!

MARI-GAILA.—¡Alumbrado!

El sacristán échase fuera, negro y zancudo, mas queda espantado sobre el umbral, con los pelos de pie, los brazos en aspa. MARICA DEL REINO, *cubierta con el manteo, venía rostro a la casa, tirando del carretón.*

PEDRO GAILO.—¡El fin de los tiempos, mi hermana Marica!

MARICA DEL REINO.—Lo recibido vuelvo.

MARI-GAILA.—Ese cuerpo frío a mi puerta no lo dejas.

MARICA DEL REINO, *antes de contestar, vuelve la cabeza: Una sombra y una mirada hostil adivina a su espalda.* SIMONIÑA, *que tornaba de la fuente, estaba erguida en medio del camino, las manos firmes en las caderas. En aquella hora tenía un recuerdo de su madre, la* MARI-GAILA.

SIMONIÑA.—Llévese esa boleta, señora mi tía.

MARICA DEL REINO.—Franquéame el paso.

SIMONIÑA.—¡No se ponga en pasar!

MARICA DEL REINO.—En pasar y en picarte la cresta.

SIMONIÑA.—¡Acuda, mi padre!

PEDRO GAILO.—¿Qué cisma traes a mi casa?

MARICA DEL REINO.—Es difunto de tu sangre.

PEDRO GAILO.—Y de la tuya, Marica.

MARICA DEL REINO.—En mis manos no murió.

MARI-GAILA.—Vivo te fue entregado, cuñada.

MARICA DEL REINO.—¡Cuñada! ¡Maldita palabra que mi lengua encadena!

MARI-GAILA.—¡Habla! ¡Tendrás tu respuesta!

MARICA DEL REINO.—¡Malcasada!

PEDRO GAILO.—¡Selle vuestra boca el respeto de la muerte! ¡Espante su presencia las malas palabras!

LA TATULA.—¡Asustas!

SIMONIÑA.—Abájese los pelos que tiene derechos, mi padre.

PEDRO GAILO.—El que está sobre la puerta me los ha levantado con su aire. ¡Pide sepultura!

MARICA DEL REINO.—Y cumples dándosela. ¡Pero no murió en mis manos, y la sepultura no es del mi cargo!

MARI-GAILA.—¡Bruja cicatera!

MARICA DEL REINO.—¡Malcasada!

PEDRO GAILO.—¡Vete, Marica! ¡Vete de mi puerta! El sobrino tendrá su entierro de ángel.

SIMONIÑA.—¡Muy rico se encuentra mi padre!

MARI-GAILA.—¡Iluminado!

MARICA DEL REINO.—¡Déjame paso, Simoniña!

SIMONIÑA.—Está en pasar, y no pasa.

MARICA DEL REINO.—¡Que te clavo esta lezna!

SIMONIÑA.—¡Bruja!

MARICA DEL REINO.—¡Que con ella el corazón te paso!

SIMONIÑA.—¡Acuda, mi madre!

MARI-GAILA.—¡Aborrecida, déjala que se vaya!

PEDRO GAILO.—Simoniña, rueda para dentro de la casa ese cuerpo difunto. Hay que lavarle y amortajarle con mi camisa planchada, pues va a comparecer en presencia de Dios.

SIMONIÑA.—¿Oye, mi madre?

MARI-GAILA.—Oigo, oigo, y me estoy callada.

LA TATULA.—No arméis vosotros una nueva parranda. Tres días que os pongáis con el carretón a la puerta de la iglesia, juntáis el entierro y mucho más.

MARI-GAILA.—Tres días no los resiste con estas calores.

LA TATULA.—Está curtido del aguardiente.

PEDRO GAILO.—Hay que muy bien lavarle la cara, rabecharle las barbas que le nacían y ponerle su corona de azucenas. Como era inocente, le cumple rezo de ángel.

MARI-GAILA.—¿Y tú, latino, no tocas para la misa? ¿Esperas que toquen solas las campanas?

Tapando la luz de la puerta, negro en la angosta sotana, el sacristán juzga de la hora por la altura del sol, y corre al atrio, sonando las llaves de la iglesia. En torno de la casa vuelve a rodar la copla de los rapaces.

COPLA DE RAPACES:

¡Tunturuntún! La Mari-Gaila.
¡Tunturuntún! No sé qué le dio.
¡Tunturuntún! La Mari-Gaila.
¡Tunturuntún! Que malparió.

ESCENA SEGUNDA

MARI-GAILA y LA TATULA conversan secretamente a espaldas de la casa, bajo la pompa de la higuera donde abre los brazos el espantapájaros: Una sotana hecha jirones, vestida en la cruz de dos escobas.

LA TATULA.—Ya podemos hablar sin misterio.

MARI-GAILA.—Pues comienza.

LA TATULA.—¿Recuerdas de la suerte que una cierta ocasión te pronosticaron las cartas?

MARI-GAILA.—¡Cartas veletas!

LA TATULA.—Prendas de amor te salieron por tres veces.

MARI-GAILA.—¡Fallidos pronósticos!

LA TATULA.—Tú misma pudiste leerlas.

MARI-GAILA.—Mi suerte no muda.

LA TATULA.—Será porque tú no quieras... He de darte cierto aviso.

MARI-GAILA.—¿Qué es ello?

LA TATULA.—Palabras de uno que espera las tuyas.

MARI-GAILA.—¿Vienes mandada de Séptimo Miau?

LA TATULA.—Diste pronto en el sujeto. ¿Sabrás igualmente cuál es su tocata?

Mari-Gaila.—La tocata es buena.

La Tatula.—Quiere entrevistarse contigo.

Mari-Gaila.—¡Ay, qué trueno! ¿Qué ceño puso al conocer el fin del carretón?

La Tatula.—Interrogó a los presentes, y sacó el hilo como un juez. Te conviene saberlo. El baldadiño espichó de tanta aguardiente como le hizo embarcar el maricuela.

Mari-Gaila.—¡Había de ser ese ladrón! Y Séptimo, ¿qué dijo al enterarse?

La Tatula.—Al pronto quedó suspenso picando un cigarro.

Mari-Gaila.—Disimulaba.

La Tatula.—¡Le conoces! Luego se puso a beber con todos, y con el maricuela el primero. Cuando lo tuvo a barlovento saltóle encima, le afeitó el lunar y sin calzones lo echó al camino. ¡Lo que allí pudimos reir!

Mari-Gaila.—¿Y Ludovina?

La Tatula.—¡Se escachaba!

Mari-Gaila.—¿Tú no sospechas que tenga trato con Séptimo?

La Tatula.—Lo habrá tenido.

Mari-Gaila.—Si lo tuvo, lo tiene.

La Tatula.—¡Ya te encelas!

MARI-GAILA.—¡Libres son!

LA TATULA.—¡Séptimo está por ti que ciega!

MARI-GAILA.—De un ojo.

LA TATULA.—Bien te lo declara su deseo de hablar contigo.

MARI-GAILA.—¡Acaso no le bastará con una!...

LA TATULA.—¿Es ésa tu respuesta?

MARI-GAILA.—Mi respuesta aún no te la di.

LA TATULA.—Pues otra cosa no espero.

MARI-GAILA.—La tengo de pensar.

LA TATULA.—Los dictados del corazón son repentinos.

MARI-GAILA.—Eso dicen...

LA TATULA.—¿Qué le respondes?

MARI-GAILA.—¡Ay, no estoy por sus conciertos!

LA TATULA.—¡Buena vida pierdes!

MARI-GAILA.—Andar errante.

LA TATULA.—¡Contar pesetas!

MARI-GAILA.—¡Soles y lluvias!

LA TATULA.—¡Comer de mesones!

MARI-GAILA.—¡Sobresaltos!

LA TATULA.—¡Una reina! Para ti son estas medias listadas y estos pendientes de brillos. Las medias, si las pruebas, llevaré razón de cómo te aprisionan la pantorra.

MARI-GAILA.—¿Son altas las medias?

LA TATULA.—¡Clase superior! A éstas llama el señorío conejeras.

MARI-GAILA.—¡Pues está ocurrente el señorío!

LA TATULA.—¿Qué me respondes para Séptimo?

MARI-GAILA.—Le das las gracias.

LA TATULA.—¿Sin otra palabra, Mari-Gaila?

MARI-GAILA.—Si otra te pide, dile que venga por ella.

MARI-GAILA *sonríe pensativa, mirando al río, cubierto de reflejos dorados. Por la orilla va una caravana de húngaros con osos y calderos.* MARI-GAILA *canta.*

CANTAR DE MARI-GAILA:

> Si mensajes me mandas,
> no lo celebro.
> Suspiros en el aire
> son mensajeros.

LA TATULA.—Séptimo pide hablarte en lugar retirado.

MARI-GAILA.—Para darnos la despedida.

LA TATULA.—La despedida, si otra cosa con él no conciertas. ¿Qué respondes?

MARI-GAILA.—¿Y qué puede responder la mujer enamorada?

LA TATULA.—¿Irás adonde él te cite?

MARI-GAILA.—¡Iré!

LA TATULA.—¿Lo confirmas?

MARI-GAILA.—Confirmado.

LA TATULA.—Pues dame una copa, y me camino con tu acuerdo.

MARI-GAILA.—Entremos a tomarla.

LA TATULA.—Espera.

La vieja retenía del brazo a MARI-GAILA. *La Guardia Civil cruzaba el camino con un hombre maniatado. Asombradas bajo la higuera, las dos mujeres reconocieron al peregrino de las barbas venerables y el cabezal de piedra.*

MARI-GAILA.—¡Siempre pegan en el más infeliz!

LA TATULA.—¡Qué engañada! ¡Ése es el Conde Polaco!

MARI-GAILA.—¡Ése!... Por tal tuve a Séptimo.

LA TATULA.—El Condado de Séptimo es sacar dinero con sus títeres.

MARI-GAILA.—¡Muy tunante!

LA TATULA.—¡Y muy divertido!

MARI-GAILA.—¡Por algo yo le aborrezco!

ESCENA TERCERA

San Clemente. La iglesia románica, de piedras doradas. La quintana verde. Paz y aromas. El sol traza sus juveniles caminos de ensueño sobre la esmeralda del río. SÉPTIMO MIAU aparece sentado en el muro de la quintana. SIMONIÑA, en la sombra del pórtico, arrodillada a la vera del carretón, pide para el entierro. La enorme cabeza de EL IDIOTA destaca sobre una almohada blanca, coronada de camelias la frente de cera. Y el cuerpo rígido dibuja su desmedrado perfil bajo el percal de la mortaja azul con esterillas doradas. Encima del vientre, inflamado como el de una preñada, un plato de peltre lleno de calderilla recoge las limosnas, y sobrenada en el montón de cobre negro una peseta luciente.

SÉPTIMO MIAU.—¡Qué! ¿Se junta mucha moneda?

SIMONIÑA.—¡Algo pinga!

SÉPTIMO MIAU.—¡No sabéis vosotras el bien que enterráis!

SIMONIÑA.—¿Será usted el solo que lo sepa?

SÉPTIMO MIAU.—Esos fenómenos son sujetos delicados, y hay que tener mucha mano con ellos.

SIMONIÑA.—¡Mejor cuido del que tenía!

SÉPTIMO MIAU.—¡Me lo cuentas a mí, mozuela! ¿Pues no veo el carro sin un mal toldo, sin una pintura que luzca? ¡Y era propio el fenómeno para enseñarlo en una verbena de Madrid!

SIMONIÑA.—¡Bien que le revolvieron la cabeza a mi madre con esos discursos!

SÉPTIMO MIAU.—Tu madre es una mujer de provecho.

SIMONIÑA.—Aun cuando usted no lo crea.

SÉPTIMO MIAU.—No es soflama, niña. Si hubiera querido encartarse conmigo, salía de miserias.

SIMONIÑA.—Mi madre mira mucho por su conducta, y no quiere encartes.

SÉPTIMO MIAU.—Encartes son tratos legales.

SIMONIÑA.—Y amancebamientos.

SÉPTIMO MIAU.—Conveniencia de dos que se juntan para ganar la plata. Tratos legales. Yo hubiera tomado el carro en arriendo; pagando un buen porqué, le hubiera puesto dos perros enseñados a tirar... ¡Y no digo!...

SIMONIÑA.—¡Pues ya no tiene remedio!

SIMONIÑA *suspira, e incorporándose sobre las losas del pórtico, de rodillas a la vera del dornajo, esparce las moscas que comen en la cabeza de cera. Unas beatas con olor de incienso en las mantillas salen deshiladas de la iglesia.*

SIMONIÑA.—¡Una limosna para ayuda del entierro!

UNA VIEJA.—¡Cómo hiede!

OTRA VIEJA.—¡Corrompe!

BENITA LA COSTURERA.—¿Cuándo lo enterráis?

SIMONIÑA.—Cuando ajuntemos para ello.

BENITA LA COSTURERA.—¡Vaya unas puntadas que le echaron a la mortaja! ¡Son hilvanes!

SIMONIÑA.—Para los gusanos, ya está bastante.

BENITA LA COSTURERA.—¿Quién se la cortó?

SIMONIÑA.—Todo lo hizo mi madre.

BENITA LA COSTURERA.—¡No es muy primorosa!

SIMONIÑA.—Tampoco es costurera.

BENITA LA COSTURERA.—¿Y no tenía otro hilo más propio para pegarle la esterilla?

SIMONIÑA.—Déjese de poner tachas y suelte una perra.

BENITA LA COSTURERA.—No la tengo.

SIMONIÑA.—¡Poco le rinde la aguja!

BENITA LA COSTURERA.—Para vivir honradamente. No lo olvides, para vivir honradamente.

SIMONIÑA.—Pues no se libra de calumnias.

BENITA LA COSTURERA.—Puede ser, pero mi fama no está en esas lenguas.

SIMONIÑA.—Le tira el señorío.

BENITA LA COSTURERA.—Más pobre que tú, pero con decencia.

SIMONIÑA.—¡Ay, qué delirio con la decencia!

BENITA LA COSTURERA.—¡Es lo que más estimo!

SIMONIÑA.—¡Apuradamente!

BENITA LA COSTURERA.—¿Qué quieres decir?

SIMONIÑA.—Que todas somos honradas mientras...

BENITA LA COSTURERA.—¡En el nombre del Padre, del Hijo y del Espíritu Santo! ¿Te parece hablar propio de juventud?

SIMONIÑA.—Como no trato con el señorío, desconozco los modos de las madamas.

BENITA LA COSTURERA.—¡Me voy! ¡No quiero más relatos!

SIMONIÑA.—¿Se va sin dejar una perra?

BENITA LA COSTURERA.—Así es.

SIMONIÑA.—¡Como no hubiese más caridad que la suya!

PEDRO GAILO, *con sotana y roquete, asoma en la puerta de la iglesia. Llega el olor de los cirios que humean apagados en los altares. El arco de la puerta deja entrever reflejos de oro en la penumbra.*

PEDRO GAILO.—¡Puñela! ¡Qué dada eres a picotear!

SIMONIÑA.—Me hablan, contesto.

PEDRO GAILO.—Todas las mujeres sois de un mismo ser.

SÉPTIMO MIAU.—Pues tal como son las mujeres, no hay fiesta sin ellas, compadre. Y usted no se queje, que tiene buena compañera. Casualmente hicimos juntos una romería, y allí he podido apreciar cómo se comporta y sabe sacar el dinero a los primaveras.

SIMONIÑA.—Oiga cómo todos hablan de mi madre. ¡Y que sea usted solo a quebrarle la cabeza!

PEDRO GAILO.—¡Calla la boca, Simoniña!

SIMONIÑA.—Guíese otra vez de cuentos.

Coimbra salta en dos patas, y mueve la cola bailando en torno del sacristán, que lo mira con ojos adustos. Coimbra, irreverente, olfatea la sotana y estornuda, remedando la tos de una vieja.

SÉPTIMO MIAU.—Escupe el resfriado, *Coimbra.*

PEDRO GAILO.—¡Revienta en un trueno!

SÉPTIMO MIAU.—Pídale usted la pata, compadre.

PEDRO GAILO.—No soy de vuestro arte.

SÉPTIMO MIAU.—¿Qué arte es el nuestro?

PEDRO GAILO.—¡Arte del Diablo!

SÉPTIMO MIAU.—¡*Coimbra*, se vive de calumnias!

SIMONIÑA.—¡Por bueno está usted señalado en la cara!

SÉPTIMO MIAU.—¿Cree usted, joven?

SIMONIÑA.—Creo en Dios.

SÉPTIMO MIAU *escupe la colilla, alza el parche con dos dedos, descubriendo el ojo que lleva tapado, y con un guiño lo recata de nuevo bajo el verde tafetán.*

SÉPTIMO MIAU.—¡Ya ha visto usted cómo no estoy señalado!

SIMONIÑA.—Pues por alguna maldad lo encubre.

SÉPTIMO MIAU.—Por lo mucho que penetra. Tanto ve, que se quema, y he de llevarlo tapado. ¡Penetra las paredes y las intenciones!

SIMONIÑA.—¡Ave María! Tanto ver es de brujos.

PEDRO GAILO.—El Demonio se rebeló por querer ver demasiado.

SÉPTIMO MIAU.—El Demonio se rebeló por querer saber.

PEDRO GAILO.—Ver y saber son frutos de la misma rama. El Demonio quiso tener un ojo en cada sin fin, ver el pasado y el no logrado.

SÉPTIMO MIAU.—Pues se salió con la suya.

PEDRO GAILO.—La suya era ser tanto como Dios, y cegó ante la hora que nunca pasa. ¡Con las tres miradas ya era Dios!

SÉPTIMO MIAU.—Tiene usted mucho saber, compadre.

PEDRO GAILO.—Estudio en los libros.

SÉPTIMO MIAU.—Eso hace falta.

Por el camino, entre maizales, asoma el garabato negruzco de una vieja encorvada, que galguea. El farandul deja la quintana, silbando a Coimbra, *y en el cancel se junta con* ROSA LA TATULA. *No era otra la vieja.*

SÉPTIMO MIAU.—¿Hablaste con ella?

LA TATULA.—Y quedé de volver.

SÉPTIMO MIAU.—¿Cómo la hallaste?

LA TATULA.—Está por usted que ciega. ¡Mal sabe el pago de ciertos hombres con las mujeres!

SÉPTIMO MIAU.—¿Que un día la dejo o que me deja? ¡Siempre habrá corrido mundo!

LA TATULA.—¡Y trabajos!

SÉPTIMO MIAU.—¿No se le volverá la intención?

LA TATULA.—El Diablo cuida de avivar esa candela.

SÉPTIMO MIAU.—Es una mujer de mérito.

LA TATULA.—Mire para la hija. ¡Veinte años y no vale una risa de la madre!

SÉPTIMO MIAU.—La madre tiene otro gancho.

LA TATULA.—¡Mentira parece que malcomiendo conserve las carnes tan apretadas y los ardores de una moza nueva!

SÉPTIMO MIAU.—Que se me va la vista, Tatula.

LA TATULA.—¡Ay, qué tunante!

SÉPTIMO MIAU.—¿Cuándo quedaste de verla?

LA TATULA.—Cuando usted me mande y señale lugar para entrevistarse.

SÉPTIMO MIAU.—No conozco bien estos parajes. ¿Por dónde cae un cañaveral?

LA TATULA.—¡Buena intención le guía!

La vieja se rasca bajo la greña gris, y mientras en un reir astuto descubre las encías desnudas de dientes, el farandul, apartándose el tafetán, tiende la vista sobre las verdes eras.

ESCENA CUARTA

El río divino de romana historia es una esmeralda con mirajes de ensueño. Las vacas de cobre abrevan sobre la orilla, y en claros de sol blanquean los linos mozas como cerezas y dueñas caducas, del ocre melado de las imágenes en los retablos viejos. El campo, en la tarde llena de sopor, tiene un silencio palpitante y sonoro. MIGUELÍN EL PADRONÉS asoma por cima de una barda, y sin hablar, con guiños de misterio, abre los brazos convocando gentes. Algunas voces interrogan lejanas.

UNA MOZA.—¿Qué es ello, Padronés?

OTRA MOZA.—Casca la avellana, dinos lo que hay dentro.

MIGUELÍN.—¡Llegad a mirarlo, que os alegrará la vista!

UNA MOZA.—Responde qué es ello.

MIGUELÍN.—Un nido de rulas.

SERENÍN DE BRETAL, que como un patriarca hace la siega del trigo con los hijos y los nietos, se ladea la montera con aquel gesto socarrón de viejo leguleyo.

SERENÍN DE BRETAL.—¡Ay, gran pícaro, ya me das luces!... ¡Dos que fornican!

UN GRITO MOCERIL.—¡Jujurujú! ¡Vamos a verlo!

UNA MOZA.—¡Eres muy Demonio, Padronés!

En lo alto de unas peñas cubiertas de retama amari-
lla, destaca sobre el sol un pastor negro, volteando la
honda, y a su lado, el galgo, también negro.

QUINTÍN PINTADO.—Si sale mentira no te vale ser
ligero, Padronés. ¡Con la honda te malquiebro!

UNA VIEJA.—¡Otro Demonio!

QUINTÍN PINTADO.—¿Dónde es el casamiento?

MIGUELÍN.—En las brañas.

QUINTÍN PINTADO.—¡Jujurujú! Vamos a verlo.

MIGUELÍN.—¡Levántalos con el galgo!

QUINTÍN PINTADO.—Caza real.

UNA VOZ.—Allá escapa el tuno.

OTRA VOZ.—¡Dadle seguimiento!

QUINTÍN PINTADO.—No hay galgo para esa pieza.

UNA MOZA.—Que se vaya libre. El hombre hace lo
suyo propio. En las mujeres está el miramiento.

GRITO MOCERIL.—¡Jujurujú! Hay que hacer salir a
la rapaza.

Viejos y zagales dejan la labor de las eras y acuden
sobre los linderos. Los más atrevidos entran por los

verdes canavales de la orilla del río, azuzando los pe-
rros. Algunas mozas tienen una sonrisa avergonzada,
furias en los ojos algunas viejas. MARI-GAILA, *dando*
voces, sale al camino, la falda entre los dientes de los
perros.

UNA VOZ.—¿Con quién fornicaba?

OTRA VOZ.—¡Con el titiritero!

MARI-GAILA.—¡Ladrones de honra! ¡Hijos de la
grandísima!...

UNA VOZ.—¡Perra salida!

OTRA VOZ.—¡Vas a bailar en camisa!

UNA VIEJA.—¡Afrenta de mujeres!

CORO DE VOCES.—¡Que baile en camisa! ¡Que baile
en camisa!

MARI-GAILA.—¡Así ceguéis! ¡Cabras! ¡Cabras! ¡Cabras!

MARI-GAILA, *seguida de mozos y canes, corre por la*
ribera, sosteniendo en la cintura la falda desgarrada,
que descubre por los jirones la albura de las piernas.
MILÓN DE LA ARNOYA, *un gigante rojo, que va delante*
de su carro, le corta el camino, y con ruda alegría bra-
ma su relincho. MARI-GAILA *se detiene, alzando una*
piedra.

MILÓN DE LA ARNOYA.—¡Jujurujú!

MARI-GAILA.—¡Al que se me llegue, lo descalabro!

MILÓN DE LA ARNOYA.—¡Suelta la piedra!

MARI-GAILA.—¡La levanto para mi defensa!

MILÓN DE LA ARNOYA.—¡Suéltala!

MARI-GAILA.—¡No te llegues, Milón!

El jayán, con bárbaras risas, adelanta de un salto, y la piedra le bate en el pecho. MARI-GAILA, con los ojos encendidos, rastrea por otra, y el rojo gigante la estrecha en los brazos.

MILÓN DE LA ARNOYA.—¡Jujurujú! ¡Ya es mía!

UNA VOZ.—¡Milón la tomó!

MARI-GAILA.—¡Suelta, Milón! Si calladamente me lo pides, te lo concedo. ¡Suelta!

MILÓN DE LA ARNOYA.—No suelto.

MARI-GAILA.—¡Eres bárbaro, y no temes que en otra ocasión sea tu mujer la puesta en vergüenza!

MILÓN DE LA ARNOYA.—Mi mujer no es tentada de tu idea.

MARI-GAILA.—¡Mal sabes tú a quién tienes en casa!

MILÓN DE LA ARNOYA.—¡Calla, malvada!

MARI-GAILA.—Suéltame, y otra hora, donde me señales, te daré un aviso de provecho. ¡Suéltame!

MILÓN DE LA ARNOYA.—¡Vete y confúndete, que ya me dejas la condenación!

MARI-GAILA *huye de los brazos del gigante, desnudo el pecho y en cabellos. El* CORO DE VOCES *se desgrana como una cohetada en clamores diversos y gritos encendidos.*

UNA VOZ.—¡Que se escapa!

OTRA VOZ.—¡No la dejéis!

CORO DE VOCES.—¡A seguirla! ¡A seguirla!

QUINTÍN PINTADO.—¡Que te malquiebro!

Azuza su galgo y corre por la ribera del río volteando la honda sobre la fugitiva. Rueda por los congostos un tropel de zuecos. MARI-GAILA *se revuelve acorralada.*

MARI-GAILA.—¡Almas negras! ¡Salidos de los Infiernos!

QUINTÍN PINTADO.—¡Vas a bailar en camisa! ¡Vas a lucir el cuerpo!

MARI-GAILA.—¡No te me acerques tú, Caifás!

QUINTÍN PINTADO.—¡Quiero conocer esa gracia que tienes oculta!

CORO DE RELINCHOS.—¡Jujurujú!

MARI-GAILA.—¡Sarracenos! ¡Negros del Infierno! ¡Si por vuestra culpa malparo, a la cárcel os llevo!

UNA VOZ.—¡No te vale esa trampa!

OTRA VOZ.—¡Has de bailar en camisa!

QUINTÍN PINTADO.—¡Vas a lucir el cuerpo!

MARI-GAILA.—¿Me corréis por eso, hijos de la más grande? ¡Bailaré en camisa y bailaré en cueros!

CORO DE RELINCHOS.—¡Jujurujú!

MARI-GAILA.—¡Pero que ninguno sea osado a maltratarme! ¡Miray hasta cegar, sin poner mano!

CORO DE RELINCHOS.—¡Jujurujú!

MARI-GAILA se arranca el justillo, y con la carne temblorosa, sale de entre las sueltas enaguas. De un hombro le corre un hilo de sangre. Rítmica y antigua, adusta y resuelta, levanta su blanca desnudez ante el río cubierto de oros.

MARI-GAILA.—¡Conformarse con esto!

CORO DE RELINCHOS.—¡Jujurujú!

UNA VOZ.—¡Milón que la suba en el carro!

OTRAS VOCES.—¡Al carro de Milón!

QUINTÍN PINTADO.—¡Que baile en su trono!

CORO DE RELINCHOS.—¡Jujurujú!

Rodante y fragante montaña de heno, el carro, con
sus bueyes dorados, y al frente el rojo gigante que los
conduce, era sobre la fronda del río como el carro de
un triunfo de faunalias.

ESCENA ÚLTIMA

San Clemente. La quintana, en silencio húmedo y ver-
de, y la iglesia de románicas piedras dorada por el sol,
entre el rezo tardecino de los maizales. La sotana del
sacristán ondula bajo el pórtico, y a canto del carretón
un corro de mantillas rumorea. Atropellando al sacris-
tán, dos mozuelos irreverentes penetran en la iglesia y
suben al campanario. Estalla un loco repique. PEDRO
GAILO *da una espantada y queda con los brazos abiertos,*
pisándose la sotana.

PEDRO GAILO.—¡Qué falta de divino respeto!

MARICA DEL REINO.—¡De falta supera!

LA TATULA.—¡Son los mocetes que ahora entraron!
¡Juventud pervertida!

SIMONIÑA.—¡Quiébreles un hueso, mi padre!

PEDRO GAILO.—¡Alabado sea Dios, qué insubordi-
nación!

MARICA DEL REINO.—¡Carne sin abstinencia!

UNA VOZ EN LOS MAIZALES.—¡Pedro Gailo, la mujer te traen desnuda sobre un carro, puesta a la vergüenza!

PEDRO GAILO *cae de rodillas, y con la frente golpea las sepulturas del pórtico. Sobre su cabeza, las campanas bailan locas, llegan al atrio los ritmos de la agreste faunalia, y la frente del sacristán en las losas levanta un eco de tumba.*

MARICA DEL REINO.—¡Vas á dejar ahí las astas!

PEDRO GAILO.—¡Trágame, tierra!

LA TATULA.—¿A qué tercio este escándalo?

LA VOZ DE LOS MAIZALES.—¡Que si llegaron a verla de cara al sol con uno encima!

SIMONIÑA.—¡Revoluciones y falsos testimonios!

LA VOZ EN LOS MAIZALES.—¡Yo no la vi!

PEDRO GAILO.—¡Ni la vio ninguno que sepa de cumplimientos!

LA TATULA.—¡Así es! Casos de conducta no llaman trompetas.

PEDRO GAILO *corre pisándose la sotana y se desvanece por la puerta de la iglesia. Sube al campanario, batiendo en la angosta escalera como un vencejo, y sale a mirar por los arcos de las campanas. El carro de la faunalia rueda por el camino, en torno salta la encen-*

*dida guirnalda de mozos, y en lo alto, toda blanca y
desnuda, quiere cubrirse con la yerba* MARI-GAILA. *El
sacristán, negro y largo, sale al tejado, quebrando las
tejas.*

UNA VOZ.—¡Castrado!

CORO DE FOLIADA:

> ¡Tunturuntún! La Mari-Gaila.
> ¡Tunturuntún! Que tanto bailó.
> ¡Tunturuntún! La Mari-Gaila,
> que la camisa se quitó.

PEDRO GAILO.—¡El Santo Sacramento me ordena volver por la mujer adúltera ante la propia iglesia donde
casamos!

PEDRO GAILO, *que era sobre el borde del alero, se tira
de cabeza. Cae con negro revuelo y queda aplastado, los
brazos abiertos, la sotana desgarrada. Hace semblante
de muerte. De pronto se alza renqueando y traspone
la puerta de la iglesia.*

UNA VOZ.—¡Te creí difunto!

OTRA VOZ.—¡Tiene siete vidas!

QUINTÍN PINTADO.—¡Jujurujú! ¡Miray que dejó los
cuernos en tierra!

El sacristán ya salía por el pórtico, con una vela encendida y un libro de misal. El aire de la figura, extravío y misterio. Con el libro abierto y el bonete torcido, cruza la quintana y llega ante el carro del triunfo venusto. Como para recibirle, salta al camino la mujer desnuda, tapándose el sexo. El sacristán le apaga la luz sobre las manos cruzadas y bate en ellas con el libro.

PEDRO GAILO.—¡Quien sea libre de culpa, tire la primera piedra!

VOCES.—¡Consentido!

OTRAS VOCES.—¡Castrado!

Las befas levantan sus flámulas, vuelan las piedras y llamean en el aire los brazos. Cóleras y soberbias desatan las lenguas. Pasa el soplo encendido de un verbo popular y judaico.

UNA VIEJA.—¡Mengua de hombres!

El sacristán se vuelve con saludo de iglesia, y bizcando los ojos sobre el misal abierto, reza en latín la blanca sentencia.

REZO LATINO DEL SACRISTÁN.—*Qui sine peccato est vestrum, primus in illam lapidem mittat.*

El sacristán entrega a la desnuda la vela apagada y
de la mano la conduce a través del atrio, sobre las losas
sepulcrales... ¡Milagro del latín! Una emoción religiosa
y litúrgica conmueve las conciencias y cambia el san-
griento resplandor de los rostros. Las viejas almas in-
fantiles respiran un aroma de vida eterna. No falta
quien se esquive con sobresalto y quien aconseje cordu-
ra. Las palabras latinas, con su temblor enigmático y
litúrgico, vuelan del cielo de los milagros.

SERENÍN DE BRETAL.—¡Apartémonos de esta danza!

QUINTÍN PINTADO.—También me voy, que tengo sin
guardas el ganado.

MILÓN DE LA ARNOYA.—¿Y si esto nos trae andar en
justicias?

SERENÍN DE BRETAL.—No trae nada.

MILÓN DE LA ARNOYA.—¿Y si trujese?

SERENÍN DE BRETAL.—¡Sellar la boca para los civiles,
y aguantar mancuerna!

Los oros del poniente flotan sobre la quintana. MARI-
GAILA, armoniosa y desnuda, pisando descalza sobre las
piedras sepulcrales, percibe el ritmo de la vida bajo un
velo de lágrima. Al penetrar en la sombra del pórtico, la
enorme cabeza de EL IDIOTA, coronada de camelias, se le

*aparece como una cabeza de ángel. Conducida de la
mano del marido, la mujer adúltera se acoge al asilo de
la iglesia, circundada del aúreo y religioso prestigio,
que en aquel mundo milagrero, de almas rudas, intuye
el latín ignoto de las*

DIVINAS PALABRAS

ÍNDICE DE AUTORES

DE LA

COLECCIÓN AUSTRAL

COLECCIÓN AUSTRAL

TÍTULOS PUBLICADOS

Series que comprende

(Am) amarilla
Libros políticos y documentos de
la época

(An) anaranjado
Biografías y vidas novelescas

(Az) azul
Novelas y cuentos en general

(G) gris

Clásicos

(M) marrón
Ciencia y técnica. Clásicos de la
ciencia

(Ne) negra
Viajes y reportajes

(R) roja
Novelas policiacas, de aventuras
y femeninas

(V) verde
Ensayos y Filosofía

(Vi) violeta
Teatro y Poesía

Los volúmenes seguidos de (*)
son extras.